馬修・安斯特伯頓
*Matthew Amster-Burton*

# 初嘗日本滋味

## 西雅圖父女的東京瘋狂筆記

*Pretty Good Number One*

胡據方 譯

An American Family Eats Tokyo

# 台灣繁中字出版序言

這是本關於在日本東京享受美食的書。但在某種程度上，與中華料理也息息相關。

日本料理是體現中華料理的實例：我很多親戚所喜歡的日本料理大多都是出自中華地區。有些及早便已傳入日本，像是味噌、醬油、火鍋料和茶。有些如煎餃和拉麵則是較近期傳入的。現在日式拉麵在台北、新加坡、台灣和北京正夯，許多關於拉麵應是日式還是中式料理的爭論因此變得更為複雜且毫無意義。

如果你問我女兒伊莉絲最喜歡的日本菜是什麼，我想她絕對會說「煎餃」。那是我們在中野附近的餐廳吃的日本菜，一種平底鍋煎的湯餃。湯餃和生煎包一樣，一盤有四個，上頭撒了些芝麻、香蔥，餃子裡滿是熱呼呼的湯汁，就像你在台北或上海吃的到的菜。

不過，這本書是用更深的層次探討料理。日本的美食文化對從小在華語地區長大的人來說，是再熟悉不過的事了。日本人老愛談美食。他們會比較知名拉麵連鎖店各地區不同的分店，哪一家的湯頭比較好喝。他們能夠只為品嚐一間現烤鰻魚店而排在長長人龍後面。他們喜歡高品質。東京是眾所皆知的高物價城市，卻仍能用幾個銅板吃到好吃的麵食、咖哩、飯糰或炸豬排。

如同中華料理，日本料理在世界各處都相當受歡迎。但若不是在日本當地，你無法見識它的深度及廣度。每一次當我去日本旅行時，每一次都被當地無以計數的餐廳震驚。最近我去東京一個禮拜，住的地方隔壁是一所大學，這裡的大學生，早上勤於課業，晚上喝酒作樂，且從未停止飢餓。火車站至學校的這段路上，狹窄的人行道旁開滿餐廳：壽司、烏龍麵、拉麵、土耳其料理、涮涮鍋、什錦煎餅、串燒、小盤的魚料理、豆腐、肉類。這裡不是特別規劃出來的遊樂區，是條再平常不過的街道賣著平凡的美食（但卻相當令人驚艷）給平凡的孩子們。

從這裡我想有個相當基本的中華料理元素在其中：普及、多樣、平價且美味。而日本在茶、餃子和麵食等中華料理上蓋了日本料理的認證章。

當我小的時候，在奧勒岡的波特蘭，父母常帶我和哥哥們去那裡的唐人街吃點心。還記得糯米和豬腸粉的味道，當時我很懼怕吃雞腳（別擔心，我現在超愛吃雞腳）。對我的父母、及許多的親戚而言，中華料理是很特別的料理。然而，對我而言，轉捩點發生了。我學會用筷子（然後一直用這雙筷子戳哥哥們）。我開始覺得所有食物加上薑、蔥和醬油會更美味。

如同現代日式料理本身，此書本著中華料理的角度著作，而我也以此書翻成繁體中文版為榮。

你即將閱讀的故事未完待續。在未來，你會和我的家人一同品嚐大阪燒、九州豚骨拉麵、一次新宿早晨的地震。同時，祝你們讀《初嘗日本滋味》愉快！

於西雅圖，二〇一五，六月。

# 目錄。

# 前言

「初嘗日本的滋味如同未言明問題的答案。」——皮科．艾爾（Pico Iyer）

往我們家公寓方向的街景開始有了些變化：從中野站北邊出來太陽廣場的拱廊，再走幾步就是連鎖店築地銀章魚燒，右轉則是「Pretty Good #1 Alley」。往千代田區的方向走，你會看到幾家拉麵店、玄品河豚餐廳。往回走會看到柏青哥遊戲機、烤鰻魚、大頭貼店以及銀座Renoir喫茶室。如果看到Life超市前的腳踏車停車格，就表示走對方向了。

在這兩條街上皆是典型的店面，如果往西邊其他中大型的城市探索，你會遇見更多好吃的食物，即使你和我的口味不同，就如同你可能不會比我更喜歡章魚燒。

歡迎來到東京！

如夢似幻的東京，是個五光十色、大放文學、電影異采的城市；是個到處都有烤雞肉串店的城市；是個孩童能夠在大街上、車流間安全遊玩的城市；是連甜甜圈專賣店的服務品質都比美國高級餐廳還要好的城市。這是個沒有犯罪死角、沒有髒污灰塵或難吃食物的大型城市？聽起來比較像是小說中的烏托邦，而非地球上的一個所在。

但東京確是東京，「魔幻」才是最貼切的比喻。我討厭別人在不知道如何形容時，就脫口說出「Magic」這個形容詞，但當我和我太太洛莉以及我們八歲大的女兒伊莉絲，在二〇一二年七月整整待在東京一個月後的經歷，用「魔幻 Magic」以外的形容詞都是言不由衷的評論。

東京也不是什麼漂亮的城市，卻以科學紀律著稱。每當我們之中有人去外頭散步回來，都會帶來令人驚奇的際遇：奇特的老建築、有趣的記號、一群小貓、新口味的優格糖果。你想的沒錯，伊莉絲常常在沒有大人的陪同下，自己出門逛街，據我的觀察，她沒有被誘騙加入黑幫，雖然有時候她會帶著奇異的生魚片「刺青」（刺身）回家。

東京處處都有美食。這座城市就像是一家餐廳。在東京長住的這段時間，我們的確曾吃過不是那麼好吃的餐廳，然而這頓飯不是不好吃，只是很平凡。我們常去奇特、評價好的小餐館吃飯，這美味的記憶彷彿已埋入了我的心裡，東京會使我產生鄉愁，是我不曾在其他地方有過的感覺。說起來真令人難為情，但我喜歡。

東京地鐵如同一個用螢光顏料彩繪的一碗拉麵，但幾天後我們就非常熟悉了。我們住的地方離新宿，也就是世界上最擁擠的車站，只有一站的距離。聽起來很糟，對吧？不過呢，新宿仍是很不錯的地方，雖然滿街是行色匆匆的人，但是你很容易找到要搭的車、在茫茫人海中也能前往要去的方向，這是典型的都市。簡單來說，東京與DMV（機動車輛管理局）恰恰相反，是我去過最不嘈雜的地方。

儘管是個如此迷人的城市，對西方人而言，東京卻不是一個心醉神迷的旅遊勝地。在西方人眼中，東京是個飽受經濟蕭條折磨的一國之都，被福島核爆事件陰影籠罩的悲劇城市。即使在東北大地震前，東京仍不在旅遊目的地的名單中。你現在可以列舉多少東京旅遊景點？我想一個也想不到吧！如果你正好要說是銀座或皇居，請立刻放下手邊的《孤獨星球》，不准作弊！

現在，想一下巴黎吧！有著羊腸小徑般的街道可以愜意漫步並幸福地迷路、現代化的交通工具、博物館、景點、世界級購物中心、不可錯過的美食和美酒、餐餐令人無法抗拒，甚至是米其林餐廳，我們都耳熟能詳；關於這一點，其實**我和你有著無以名狀的默契**。

我和伊莉絲幾乎在每天早上去學校的路上，都會談論日本東京。幼稚園在十條街遠的地方，伊莉絲當時還小，我們談到要去遊樂園、去吃迴轉壽司和日式泡芙工房的奶油泡芙（Beard Papa Puffs）。我父親喜歡問伊莉絲：「你要去東京做什麼呀？」伊莉絲總會笑著說：「去遊樂園和吃奶油泡芙！」

我的另一本書《貪吃父女檔的美味大冒險》中，也記錄著在伊莉絲四歲時，我們如何計劃一趟旅行：

我和伊莉絲吃了烤雞肉串，也會去吃我最愛的鰻魚飯；伊莉絲喜歡鯖魚，於是我們也吃了鹽烤鯖魚，用筷子去掉多餘的脂肪，再大口扒白飯。……然後我們會在築地吃早餐，那裡有世界上最大的魚市場。我們還要在迴轉壽司店大吃特吃一頓。

因此，每個月我們都將幾百元存進儲蓄帳戶，好讓我們在上學途中所談、所想的都能美夢成真。後來，伊莉絲六歲時，我們父女兩人真的去了日本玩了六天。但是我們沒去到泡芙專賣店、也沒有去吃迴轉壽司或鹽烤鯖魚，也沒有去巷弄小店品嘗美味。

簡言之，我們幾乎沒有完成原先的旅行計畫，但卻是最棒的一次旅行。日本對觀光客相當開放，境內也容易自由移動。一個六歲大的孩子竟成了本人的資產，伊莉絲是個極好的外交官，讓整個旅程非常愉快，走在街上時，和親切的路人沒有溝通不良的障礙。

東京，這座生氣蓬勃的現代城市，甚至讓我和伊莉絲錯以為它的存在只是為了使我們感到快樂，「加油！」揮著手的招財貓似乎在低語著「你在東京！」。

我和伊莉絲回國後，列了一張第一次旅行沒有去的東京景點，這張表寫了將近一個月。我們望著遠方、回憶在東京甜蜜旅行的朦朧雙眼讓洛莉快要抓狂。

「好了好了」洛莉說。「如果東京真的如此美妙，那我們乾脆就在那裡租間小公寓住個一個月好了。」我想她心裡其實是這樣盤算的：

*馬修這個小氣鬼肯定會立即打消這個念頭。

*經過一個月像新移民般住在東京小公寓的生活，我看你們還會這麼喜歡日本嗎？

但我和伊莉絲欣然接受挑戰！

那年暑假還有一個人和我們同住。很抱歉，因為我很想去除這個人的回憶，但他卻存在感十足，如同大富翁裡的角色。

他就是山岡士郎，我的分身。士郎其實是我想像的朋友。他是個自我中心、懶惰卻又學識淵博的亂髮小哥。

山岡是《美味大挑戰》的主角，這是一部專門探討日本美食的長篇連載漫畫。他是一名每日郵報的記者，卻常睡在工作桌上，寧可痴想煎餃子也不想寫稿。後來報社指派他負責究極菜單的美食報導，他需要在日本各處搜集好吃的菜色，士郎便就此找到了自己的使命，更不用說和同事栗田優子譜出的辦公室戀情了。栗田和山岡的美食鑑賞能力旗鼓相當，但社交能力比山岡好，卻也相當狡猾。就像我認識的某些人一樣。

現在，說了這麼多，《美味大挑戰》這部作品有很多受爭議的地方，裡面的角色各個纖細如紙片，劇情也很扯。山岡不斷將整間公司帶至日本東岸，去學芋煮還什麼的。他挑戰與自己關係疏離的父親海原雄山，參加鐵匠主廚比賽，藉此處理複雜的父子關係。

但你知道嗎，我也在這個故事裡。這可能是個大男孩的想像，但我從來沒有過複雜的內心世界。山岡士郎只在乎美食，對難吃的食物完全無法忍受，但他也對美食世家毫無信任。他可能是一位好作家，但寫完兩篇文稿後他會給自己放兩個禮拜的長假。他能嚐出細膩味道和口感的過人能力，就是他被這世界的美食吸引的原因。如果山岡寫了一本書，他會毫不猶豫地花很長的篇幅說服讀者去看他最喜歡的漫畫。

在《美味大挑戰》中的每一個角色都深深著迷於美食。我原先以為這是一種劇本機制，但現在我不這麼認為了。每一個角色之所以會深愛美食，只是因為他們住在東京，這個地方到處都是美食，而且讓人無法忽視。

至於喝的呢？日本產好喝的啤酒、咖啡、清酒和飲料。不過，就讓我們從我在東京每一天的開始——綠茶做為起點吧。

# 關於茶。

許多航空公司的亞洲航線都會強調擁有高品質服務、高雅貼心的空姐或是因應亞洲守時文化的準點航班，但我們最後選擇了美國航空從西雅圖直飛東京的航班，沒有任何特別的服務保證或贈品的誘因。

儘管如此，旅途中還是有一些些「歡迎蒞臨日本國」的氛圍：空姐會詢問每一位乘客「需要咖啡？還是抹茶？」後者是綠茶的意思。尤其是一位有德州口音的空姐這麼說時，更讓人倍感溫暖。

想想日本茶喝起來真的怪。我的太太

洛莉習慣喝英式紅茶加牛奶，她就非常不喜歡日本茶；我媽更妙，覺得日本茶葉聞起來像菠菜，而我卻無法反駁。以綠茶為例，大部分喝茶的國家都會先處理過茶葉，才喝不出是出自哪一個產地。即使是有極佳品質的中國產綠茶，聞起來還是會有些許的焦味，因為中國綠茶會用火快速燒乾葉子的水分。

在日本，茶葉的葉子看起來越翠綠越好。對品茶來說，「草味」這個詞不算是稱讚，但卻是最貼近日本茶的形容詞。有些日本茶真的太綠了，看起來像是用色素染過一樣，有些還像雞肉濃湯表面的紋路或上千個葉斑在杯子裡擴散開來的樣子。（說真的，茶迷對這樣的品質更感到興奮呢！）

不過，只有日本才產抹茶，一種將高級茶葉磨成粉後，加上熱水均勻攪和的茶飲。如果一般人認為自己對日本茶稍有了解，我想他們想到的是禪坐數小時，以及可能導致深層靜脈栓塞症的茶道吧。坦白說，我不是要袒護茶道，但是日本茶真的是不折不扣的「杯中茶道」。這就是日本茶，不是那麼討喜，也不易品出茶味中的甜味、花香或果香的味道。這些雜陳的口感卻是相當致命的癮，會讓一個抹茶牛奶愛好者不斷追求更醇的抹茶滋味。如同歷史上江戶川時代的日本，日本茶隔絕了外來影響，卻能獨樹一幟。

顯而可見地，我被日本茶的特殊名字吸引著，像是fukamushi sencha（深蒸し煎茶）。日本茶在風乾前都會先蒸過，而fukamushi蒸的時間比較長。這是為了讓如同松針葉子般細小、形狀較長的茶葉能萃出厚實、濃醇的一杯茶。說到這裡，就可以想見洛莉會對此退避三舍了。

但也不是這麼講究，不是叫「日本茶」的茶都是這樣處理，就像不是每種魚子都能做魚子醬一樣，日本茶只是在美國不多見罷了。星巴克沒賣日本茶，只有夏日限定的抹茶星冰樂有引進美國而已；也沒有什麼思達茶、立頓、詩尚草本這種大的品牌做日本茶茶包。我得從o-cha.com的線上商店購買，它的茶包是從西雅圖的日本超市Uwajimaya運送來的；而每天早晨從鄰近的Remedy Tea茶館飄出的熱茶香，也是讓我陷入瘋茶狀態的其中一個事蹟。我就是無法自拔，這不是咖啡因作祟，但只要幾天沒喝到日本茶，就整天想的都只有它。

這就是為什麼坐上飛往東京的班機，對我來說是多麼令人欣喜若狂的事，因為在日本，無處沒有茶，日本餐廳提供無限量茶飲，飯店房間內有電熱水壺和茶包，茗茶專賣店有各式各樣一百克精緻包裝的茶類。你甚至可以在東京某家茶室歇腳時，看到大型冰淇淋的模型廣告著抹茶霜淇淋。

二〇一二年時，我拉著伊莉絲去了宇治市，只為一睹西元一一六〇年創店的一間名茶老店。宇治市現在像是一座遍布寺廟、綠茶和零零總總小景點的小鎮，似乎觀光經濟尚未甦醒。我們如願到了那裡，店裡提供免費試喝玉露茶（一種日本十分流行的泡製茶）；伊莉絲拿了一杯茶並且眼神銳利地示意，她應該恭敬地接下這一杯，但如果要喝掉它，她大概會猝死在店裡。幸好，我喝了她的那一杯以及我的這一杯，其實味道還不錯。回程的路上我們不僅餓翻了，還找不到回車站的路。兩年後我再提及「宇治市」這三個字，伊莉絲會狠狠回我一記眼神，那次我們簡直是被宇治市打敗了！

所以呢！二〇一二年我決定自己為茶出走，這次我要去銀座。當你從銀座車站七號出口出來時，會發現出口的地板、牆面、天花板皆特別彩繪過，因為出口就直接連結了亞曼尼名品店。你或許會不相信，但我不是為了亞曼尼而去，而是要去中央區一間擁有近七十五年歷史的老店「茶・銀座」（Cha Ginza）。中央區一帶非常熱鬧，但仍不及亞曼尼；「茶・銀座」座落在銀座街旁的三棟瘦高的大樓中間，中央區是個認識日本茶的好地方，也是我最喜歡的東京郊區之一。

想要在這裡品嘗茶，可以在一樓買張可以去二樓煎茶館或三樓抹茶館的門票。我用七百日圓買了去三樓抹茶館的門票，櫃員小姐用不太流利的英文提醒我：「這擱……在外面。」我向她道謝，並且輕聲告訴她我戴帽子是為了遮陽，但其實這間店不是在戶外，而是一間室內茶館，屋頂繪有美麗的花園景色，裡頭擺放了幾個現代藝術作品，待久了我瞪著這個「景色」開始沉思，一個完全沒吹出風的天花板循環扇。不一會，老闆過來詢問我要抹茶還是刨冰

（Kakigori）。刨冰就是將冰刨過後淋上不同口味配料的冰品，可以說是日式冰淇淋。那時真的滿蠢的，怎麼沒想到來銀座就應該吃個道地的日式冰品；你們一定可以猜到，我直覺地選擇了抹茶。點餐後，赫然發現老闆為其他人（幾乎每一桌）上了刨冰；厚實的雪花刨冰上也淋上了抹茶，每一位饕客欣喜地拿起湯匙挖了一口送入口中。我開始想破頭那句「我要改菜單」的日文到底要怎麼說，卻怎麼樣都想不起來。總之呢，一切都太遲了，老闆給了我一杯濃茶（Koicha），也就是濃抹茶，看起來比機油還濃稠但卻風味十足。據說只有好的茶才能做成濃抹茶，次等茶磨碎後會很嗆鼻而且苦澀。我兩手緊抱著抹茶碗，試圖不讓眼角餘光掃到其他人桌上那碗可口的抹茶刨冰。

這杯濃茶我大概只吸了三口就喝完了，茶缽裡留下一層祖母綠色的薄膜。老闆娘來收走我的茶缽時，送上一個柚子口味的馬卡龍，那口感真是棒極了！隨即應了我心中最大的期待，她輕聲詢問：等一下會為您上淡茶（Usucha），請問要冰的還是熱的呢？我用「道地」的英文回覆：「Aisu」（冰的）。我凝視冷茶中的冰塊，這應該是精心挑選過的，一塊大如冰山四周環繞著四小塊碎冰，就像海豹家族一般。我很快地喝完，頓時消暑滿是快意。

至於抹茶的味道，我該怎麼形容，才能讓沒有嘗過的你明白呢？一般來說，會形容成像是在喝「綠色」，這樣也對，儘管有點答非所問。好的抹茶嘗起來是自然甘甜，不像劣質抹茶的甜味是人工添加物，這種抹茶隨手可得，就是你在超商或咖啡館喝的到的。當你喝抹茶時，只要是高品質的抹茶，都能用舌頭頂著上顎嘗到磨碎的粉末；總之，如果你很愛剛割下來的草根味，我想你也會喜歡抹茶。順道一提，抹茶和鮮泡綠茶的味道一點也不像。

此外，你可以在這裡的二樓找到鮮泡綠茶。有一次我獨自坐在二樓咖啡館喝著煎茶，鄰座突然一陣哄堂大笑，我心想，是那壺茶拉近了這群人，才能如此融洽暢談的吧；事實上，那時的我並不是坐在椅子上，而是桌子上，後來當地的海關告訴我才知道這很不ＯＫ。隨後，我將身子往旁邊挪一點，好讓服務生上一杯玉露茶。這種茶的製作過程和抹茶很像，玉露茶的葉子在收成前會用薄布覆蓋著，這個步驟會促使葉子為了把握每一絲透過來的陽光，而大量生成葉綠素，因而造就了玉露茶翠綠的色澤及不尋常的濃郁口感。當然它的價格也十分不尋常（的貴）。玉露茶要用較低溫的水沖泡（大概攝氏60度），並且要用小茶杯品嘗。

當我拿起玉露茶的杯子靠近嘴邊時，心裡祈禱著拜託不要再有人為表示對外國人友善而問我「你喜歡日本茶嗎？」果然還是有人問了，這次是兩位年輕人，男孩是Akira，女孩是Emi，他們說很想和我練習英文，我則是回答他們我很想練習日文。隨後我遞給男孩我的名片，男孩恭敬地用雙手接過並且仔細端詳，確實和所有日本商務旅遊書寫的一樣。書裡還附註，在日本若是輕率地凹折或是不當對待對方的名片，是非常魯莽的行為。

由此可知，絕對不能拿著對方的名片嬉皮笑臉，但是我的名片內容非常滑稽又難懂，甚至連英文母語人士都不能理解，因為上面寫的是我部落格的名字「Roots and Grubs」，旁邊還有我女兒伊莉絲隨口說的一句笑話。因此，我努力地解釋，希望他們能了解名片的內容（尤其是我女兒的那句笑話），但無論如何我們都笑成一團了。經過這次的經驗，我想是該印製一份有正常頭銜的名片了，但這樣又得有份正常工作才行。

我女兒伊莉絲和所有同齡小孩一樣很會交朋友，「你也差不多一百二十公分高嗎？真巧！我們一起出去玩吧！」到國外旅行就是這樣有趣，讓人與人之間交流變得十分簡單直接，我想很多旅行家也會深感認同。但在老家，我不過是和新鄰居打聲招呼，氣氛似乎就開始劍拔弩張、想盡辦法討厭對方：「我們當然可以做朋友囉，只要你不嫌棄我超級龜毛的個性。」而我偏偏就最無法忍受這種人。你該查覺箇中巧思、「弦外之音」了吧？

在東京，我卻沒什麼機會去評斷任何人。Akira和Emi很好相處，喜歡茶、外文而且能夠和坐在桌上的人談笑風生。有時候，我們是從最微不足道的交流中找到知己。喝完茶，我們都想再找時間和對方碰面，我火速離開茶館，雙腳箭步如飛的奔回家（當然要搭丸之內線啦），想立即和老婆小孩分享雀躍的心情——我交到新朋友了。幾天後，我收到Akira和Emi的信，邀請我去上野吃頓晚餐。

在《你所誤解的日本》一書中，彼得．凱瑞（Peter Carey）帶他正值青春期的兒子來東京的動漫之旅。可能有些顧慮（因為親子旅行實在很難成一本豐富的書籍題材），凱瑞為他的兒子找了一位虛擬夥伴Takashi，出現在旅途中所有必要的場合、一同冒險，還會給他兒子金玉良言。

Akira和Emi要比Takashi真實多了。那是個非常愉快的下午，我和洛莉、伊莉絲就像是走進日劇夢幻旅行的小情侶一樣，在公園漫步、踩著天鵝船欣賞湖面風光、吃美味可口的冰淇淋、在銀座附近逛街購物。我想自己是碰到全東京最好的人也說不定；或者，是那壺茶拉近了這群人，才能如此融洽暢談的吧！

# 西區生活實錄（中野）。

我們回到美國後，伊莉絲到處宣傳一定要再造訪日本。「而且絕不可錯過中野！」當她說到這裡時，我和洛莉相視而笑。

伊莉絲說的對，中野這個地方很適合居住，氛圍很開放、食物很平價、離東京只有幾分鐘路程。但也不是非得來中野不可，因為近郊有著相仿優點的地方多得不可勝數。東京都西邊的郊區景點沿著中央線快速列車一直到高尾山（Mount Takao）似乎無限蔓延，這條路離東京市中心大約有三十里路之遠。中野在快速鐵道新宿站外，是郊區中的郊區，我們就在那裡租了一個短期小套房。

中野的餐廳種類豐富、應有盡有，連鎖店或獨立店家都有，在東京到處都是佳餚美味。這可不是因為我熱愛美食，所以眼裡只有餐廳或小吃喔！（不過這也是事實啦）東京的好料隨時可見，像是壽司、串燒、韓國烤肉、鰻魚、天婦羅、炸豬排、便當店、熟食店、漢堡店（西式和日式），東西合併的食物叫Yoshoku，而最常見的還是麵食。我發現這個能滿足口腹之慾、荷包又無負擔的平價食物被饕客稱為「B咖美食」。

當然，在東京也少不了「世界級」料理，但你不會就這麼冒冒失失地走進這些餐廳。在中野看到的有義式披薩店、泰國料理店、印度餐廳、羽衣甘藍果汁店，還有一些中式餐廳。不過，這裡「世界級」美食的豐富度和你在紐約吃到的截然不同。

我們在西雅圖國會山（Capitol Hill）的好鄰居就是美食餐廳，但比起中野這地方，那只是你在廣播電台裡才會聽到的美食荒漠。我花了整整一個小時思考，試著找出日式料理和美國食物的差異，但最後我才徹悟這都是數字遊戲，儘管中野和國會山佔地相當，但是中野的人口卻是國會山的八倍，這表示有很多張嘴等著被餵養。我很喜歡和老是抱怨西雅圖人口過多的鄰居們分享這則數據，不過，中野卻不是個摩肩擦踵的地方，而是個生氣蓬勃的城市。

當東京人談起中野，大概不會錯過中野百老匯這棟日本動漫大樓。這是宅宅世界。我不太能理解這些玩意兒，不過逛二手市集倒是有很多樂趣。二手市集有賣一些「電子廢棄品」，像是只賣五美元的舊式數位相機、各類連接器、音效卡等。早在八〇年代，當威廉・吉布森（William Gibson）大搖大擺地逛著東京街頭，一邊構想《神經漫遊者》（Neuromancer）時，東京已是個先進的未來城市了，這裡賣的電子機器人美國要數年後才開賣，甚至還不曾上架呢。但由於諸多原因（部落格和線上購物的崛起帶起了全球配送風潮，以及時下最時尚流行的手機機種在首爾和矽谷製造），東京失去了當年「未來城市」的封號了。但晚上逛逛秋葉原這棟霓虹燈光絢麗的超級購物城還是很熱鬧，只不過你不會買任何一個讓書呆子夢遺的商品回家。

然而，日本仍然有兩項傲人的領域依舊屹立不搖：相機和廁所，我的意思不是什麼「相機廁所二合一」的高科技產品啦！我認為在人人貢獻大部分薪餉在生活享樂的美國，廁所卻設計得了無新意是令人感到很詫異的事；在日本則有溫感馬桶坐墊、水箱上方有洗手台、馬桶有噴水洗淨功能等。「但誰會在公共廁所使用有洗屁屁功能的馬桶呢？」洛莉婉轉地問我，我拖著腳步不發一語地走著。

美國人對於住宅有著難解的情緣，我們要自己的房子和好萊塢動作明星一樣，高壯、穿戴合宜而且親切和藹。我們喜歡可以連接兩面牆壁長的大地毯，超大臥室、可停三台車的車庫、兩個浴缸的廁所。但東京的公寓沒有像《Better Homes and Gardens》雜誌裡所塑造出來的舒適生活。

東京的套房出租單上，沒有像美國會寫的術語「二房一衛」，因為這裡的臥室白天會作為客廳使用。人口稠密的東京若只是將臥房當成寢室，就太浪費了。我們在中野租的二樓套房是1DK，意即一房間+餐廳+廚房（同理可證，廚房其實就是餐廳）。

一個典型的三人小家庭不會擠在這麼小的公寓，但還是有人這樣住。根據二〇〇八年數據調查顯示，平均一個家用住宅住有二點三個人，每八點五坪有一人居住，而我們租用的公寓只有七坪多。

剛從父母家中搬出來住在宿舍的美國孩子，會說他珍惜每一寸骯髒卻十分珍貴的空間；但在畢業後，他們會選擇火速搬離這小得見鬼的房間（離開時可能會在桌上留下一段悵惘的字條「這間房子真的不太大」）。我一直以自己能安居在小房子而自豪，低貶「麥克豪宅」的猖狂，即使所有煩人的房市專家都不再用這個詞彙了。但當我住進中野這棟小套房時，我嚇得驚呼：「我的老天！這個公寓竟然只有七坪！我們得互相殘殺、生吞活剝才能在這裡住兩個禮拜！來中野旅行這點子真是爛透了！不過……如果有人要被當作生魚片活吞，那我們至少可以佐新鮮的哇沙米。」

像是入境隨俗似的，住在這間套房的生活其實十分愜意。

在套房門口有個玄關，通常我們會在這裡脫鞋。玄關就是一階小階梯的窄小空間，將屋內和外面分隔開來。玄關放了一個鞋櫃，伊莉絲常「囑咐」我要和她的鞋子放在同一格，因為怕有壞東西。我常想其他住過日本的西方人是否會將「鞋子上有病菌，甚至邪靈，不要帶進別人家裡」的說法潛移默化地帶回歐美老家。

日本很多房子都會特別註明附有榻榻米臥室，我們住的這間雖然沒有，但我仍對榻榻米仍有些想法，因為這個發明真的很有巧思。榻榻米是方形的草蓆地板，你可能在日本料理店見過。如果房間裡有榻榻米，你可以在睡前鋪開它躺臥休息；隔天早上疊好收回衣櫃裡。每隔一段時間，再將草蓆拿到陽台曝曬並用特製的桿子拍打清理。

你沒看錯，東京的套房都設有陽台，如果沒有陽台，要在哪裡曬衣服呢？在日本，烘衣機根本不存在。我們小型的直立式洗衣機就放在陽台，從洗衣機後方直接排出汙水，這些汙水隨著水管排到一樓。我們本來很擔心是不是水管沒有拴緊，不過左鄰右舍都這麼做就不會有什麼問題了。

每天晚上睡前，我們都得把沙發床攤平、把伊莉絲的草蓆拿出來，把我們的小咖啡桌推進廚房，早上再將場地復原，日復一日，移動咖啡桌還算是個不錯的運動。我們的客廳備有冷氣，很適合在那吃零食配相撲節目、懶洋洋地隨地躺著看日本時報（那裡僅有的幾份英語報紙）。我很喜歡日本時報，尤其是它詳列的電視節目表，比如說「鑑定傳家之寶」當天的節目單元是「來自鹿兒島清水封地的一片碎陶」，但其實我對鹿兒島清水封地的熟悉度，就如同我對古董展一樣貧瘠。

那天晚上，我們在草蓆上伸伸腿準備休息，伊莉絲趁著濃厚睡意想藉機娛樂我們，黑暗中她會說一段話，請我們猜哪些字特別加註（air quote）起來了。但其實一點也不難。

「每到日本濕熱的夏天，即使是最輕便的衣著都叫人難受。這是段難熬的階段，日本的夏天是個難以忍受的季節。如果真的要做什麼的話，那就是靜坐在榻榻米上，在水泥牆壁的房間裡，把拉門開一點縫隙，讓綠竹的涼氣吹進來，然後什麼都不要做。」——詹姆士・克卡卜（James Kirkup）《Japan Behind the Fan》

出發前我和朋友塔拉・歐絲頓短暫碰過面，她之前曾在日本長住。我逕自想著在日本擁有一間屬於自己的小廚房，然後興致勃勃地問她有什麼夏日限定的季節餐點可以做。

「沒有。」她毫不留情的回答我。

詹姆士・克卡卜和塔拉是對的，日本的夏天真是壞透了。不過，克卡卜寫的是六〇年代的日本；而塔拉則是住在近郊、生活機能稍為方便的地方。我寧願把克卡卜建議的水泥壁房間換成冷氣或是住在星巴克樓上。

## 日本料理

至於煮飯嘛，我得老實說，因為熱透的天氣加上到處都是好吃便宜的餐廳，我打消自己煮日本料理的念頭了。有句話說：「找得到好吃的章魚燒，幹嘛大費周章買章魚回來煮？」

無論如何，這間小套房有個設備良好的廚房，也是飯廳。流理臺左邊是一排家用電器：冰箱、微波爐、烤土司機；微波爐貼著一張便條紙寫著簡單的四個加熱時間的指令：米飯、清酒、牛奶、便當。

大概所有日本家庭的瓦斯爐都是同一款，有兩個爐灶和一個烤魚台。再高級一點的會有三或四個爐灶，但像我們這樣的小套房，兩個就很足夠了。在還沒有瓦斯爐前，日本有專門的大釜（Kamado），是用煤炭炊飯的火爐，上方有個煮飯容器，圓蓋子則是木製的，中間有個魚鰭狀的把手。現在大釜已進化成陶瓷煮飯鍋，這個新產品主打「無須在屋內生火燒炭即可煮飯」。

回到新式爐灶的話題。記得幾年前紐約時報曾因刊登一張專欄作家馬克・彼特曼（Mark Bittman）在家煮飯的照片，而掀起一波風潮。畢德曼是位暢銷食譜作家（如何烹飪一切、素食食譜等）；順帶一提，他的廚房是典型的曼哈頓公寓的設計。

彼特曼說過：「人雖然也喜歡在露營時或其他烹飪條件不足的情況下料理，但因為某些不知名的原因，大部分的人認為要有豪華的廚房設備才能在家料理，但根本不需要這樣。」

大部分的日本家庭和彼特曼所說的廚房設備差不多，不過他也補充道：「我的爐灶美中不足的地方，就是我不能同時使用四個鍋子烹煮，所以只能多利用烤箱了。」但是你知道嘛！日本人的廚房裡，唯一的烤箱就是烤吐司機！如果想吃點烘焙或烤的食物，只能從外面買了。

而烤魚台呢，的確是個實用好物。我小的時候，常和一位怪叔叔的姪子出去玩耍。他不是那種低俗的怪，是一種很奇特的怪。撇開他有像是七十歲老翁的濃密鬍鬚不說，他怪在總是喜歡在瓦斯爐底下煮晚餐。他會蹲下來拉開抽屜，將切好的肉片或其他的料放在烤盤上。從一九九〇年到二〇一二年這二十幾年來，我不曾再看過這樣的廚房用具，但日本的烤魚台確實就是這玩意兒的縮小版，一個平底鍋放在爐火上，在爐火下烤食物。

我有些住過東京的朋友說從沒使用過烤魚台，雖然原因不難理解，但我卻覺得這個用具非常好用，尤其是烤一些像鯖魚這樣多汁、很難煮熟的魚料理（這種魚不僅常見於日本超市，而且是相當便宜的魚種）。烹煮的過程中，我只需要靠著牆壁等待，不時拉出烤台觀察，就像那位怪叔叔一樣，只不過我的鬍子沒有他那麼濃密就是了。

於是，我發現烤魚台有以下缺點：

1.秀給家人看鮮嫩的魚肉。（我之前有說過日本人認為broiling和grilling是一樣的嗎？）

2.將烤魚台的門關上，讓家人不用小心翼翼地進出廚房。

3.三天後，打開烤魚台，然後尖叫吧！Surprise！餿味結塊烤魚上桌囉！

日式料理已有段歷史了，歷世歷代都在小小的廚房烹煮家常菜。而日本料理的美妙之處在於不斷供應的醃漬小菜，一上桌就可以開動了。米飯也是，每個人家中都有一個總是設定在保溫的煮飯鍋，鍋裡滿滿的白米飯從不見底。當兩個爐灶正忙著烹煮時，煮飯鍋也盡忠職守地在一旁細心照料你的米飯。

這是我在東京做的第一道家常菜，我買了道地的、天然的日本食材回家，卻做了中國菜。我一邊翻炒鹿兒島黑豬肉和白菜、薑絲、韭蔥，一邊加上醬油、味醂、醋拌炒，最後將白飯放進炒鍋，撒些七味粉混在裡面。看起來是再自然不過的中日合併菜餚，我隨興放了一些小黃瓜泥在一旁。這是因為我們發現，無論你做什麼日本料理，小黃瓜都會搶盡風采。我早該知道了。有次我訪問一位日裔美國人，他在華盛頓區種植超過一百種的亞洲蔬菜，請教他最喜愛哪一種蔬菜時，他毫不猶豫的回答，小黃瓜。

「那你都怎麼煮呢？」

「削皮就可以吃了。」

整頓飯就是我平常就會做的菜，只不過換成在日本做而已。就如同《超級海綿大冒險》中海綿寶寶必須在蟹寶王餐廳熬夜工作時喃喃自語：「我竟然在晚上切……生菜！」而我在東京削……小黃瓜！

## 倒垃圾

我們搬進套房時，房東給了我們一份四頁彩印的〈倒垃圾說明書〉，「唉唷，其實連日本人自己也搞不清楚，所以……加油啦！」他立即豎起兩隻大拇指以表鼓勵。接著他淹沒在中野的夕陽中，留下拿著這份寶典的我們，這就像是當年新手父母的感覺，得重新來過一樣。

其實，我以前就聽過東京八股的垃圾及資源回收制度，但完全無法理解。在西雅圖，我們把垃圾簡單地分成回收、堆肥和其他類；前兩類理論上都是可以再利用的資源，至於那些不可再生的都歸在最後一類，並丟棄到掩埋場。我以前會嫌西雅圖的垃圾處理制度很麻煩，但比起東京，我想我不會了。

東京的垃圾處理分成五大類，其下再細分各類及無法歸類的資源，每一類都有固定的收垃圾時間，大樓管理員會在確切的時間處理特定類別的垃圾，如果你錯過了，就等著發臭吧。這包羅萬象的分類總綱皆是可燃物，也就是可以送至焚化爐的垃圾：食品廢料、不可回收的塑膠、尿布、庭院植物廢料。這份類別總綱讓我和洛莉不斷重複以下對話：

我：「這是可燃物嗎？」

洛莉：「不，我想這是塑膠。」

我：「但每樣東西只要溫度夠高都是可燃物啊，不過是化學燃料嘛。」

不過塑膠不是普通的塑膠。它必須是可回收並且清洗過的，裡面不能沾有食物殘渣。為盡公民義務，你有責任將塑膠內的食物渣漬清洗乾淨後，再丟進塑膠類。我花了將近兩個星期才認出塑膠類的標記，寫像是片假名的前兩個字寫出來的日式英文「purasuchikku」（plastic），當然還有「謝謝您的合作」。

不是所有塑膠都屬塑膠類。寶特瓶罐得歸在另一類，而且有另外收垃圾的時間。東京的夏天是飲料販賣機的旺季，街上隨處都有，像是跟隨你的足跡設點一樣。千萬不要告訴西雅圖環保人士的朋友這個事實，在這個月中，我們經過將近二五〇個寶特瓶罐蒐集處，因此，回收的方法也不只有一種，我們的朋友Akira就用寶特瓶造了一艘筏。

紙類是最麻煩的了，你必須把報紙歸一處，把其他紙類從報紙中抽出來（廣告單、不要的傳情紙條等）。這一綑一綑的紙堆要綁好放在特定的紙類集體回收處給「自發性社區團體」處理。但神奇的是洛莉不僅知道要把紙類丟在哪裡，也知道收垃圾的時間，更知道要用什麼特定的繩子來捆這些紙類。我好奇地問洛莉怎麼辦到的，這看起來根本是女巫變魔術；她只透露：「在街上有樣學樣囉」，而這正是我頓悟的開始。

天然氣帳單是可燃物，不是紙類；東京的所有交易都有收據明細，如果性工作者也開發票的話，我也不意外。

不可燃物主要是金屬類的垃圾。由於必須特別留意塑膠類的文字，我才驚覺生活中有多少看起來是金屬製品其實是塑膠製品，這對我來說根本是「隱喻」。

你一定會問：「還有其他分類嗎？」當然還有囉。說明書第三頁（你在翻閱了嗎？）有一張密密麻麻的表格寫著「常見分類問題」，有些很容易辨別，像是鋁箔，不可燃物；30公分或30公分以內填充玩具（如豆豆熊），可燃物；30公分或超過30公分填充玩具（如包心菜娃娃），大型垃圾處理（請電話預約）。

這張「常見分類問題」表有112個項目，其中一個是血壓計，我沒有開玩笑。你可以猜得到，這是不可燃物，並且要另外裝袋、貼上標籤。你知道血壓計的日文是什麼嗎？我連英文都寫不出來！

我終於可以拎著「一袋」垃圾去倒垃圾了，倒可燃物垃圾的時間有日式的「給愛麗絲」音樂在大街小巷撥放，我大概花了一個月阻止自己不要自動哼起這首歌。

在日本，現金交易還是主流。信用卡或轉帳卡都很少見，幾乎沒看到有人用手機付款。在老家西雅圖，我是轉帳卡使用達人；在東京，我是使用實體錢幣的初學者，這也是為什麼我們在鞋櫃上方放了裝滿了零錢的優格罐子以備不時之需。

一元日圓是最難使用的，比美金便士還難使用。一元日圓是鋁製的，幾乎沒有重量（只有一克吧，精確來說），就像是遊戲硬幣一樣。日幣和美金都讓我抓狂，一元日圓相當於美元一分錢；日幣紙鈔面額有一萬元、五千元及一千元，分別是一百美元、五十美元及十美元。我的美國卡可以在東京的ATM提款，不過只能以一萬日圓為單位提領，每一台機器都可以提供班哲明（註：一百美元鈔票的人物肖像）。但其實一萬日圓鈔票上那堅毅的肖像是福澤諭吉，日本啟蒙時代的賢人。我不知道日本有沒有人像我一樣稱一百美元為班哲明（他們則可以稱為福澤諭吉），我覺得這個發音很好聽。

如以上所言，日鈔很簡單，但是日圓硬幣可就不容易了。日本有五百和一百的硬幣，大概是五美元和一美元。在美國，鈔票和硬幣辨別的方法很簡單，鈔票可以凹折。如果你在印第安納州，口袋剛好破了個洞，零錢全部掉進水溝裡，事情可就大條了。在日本，你很容易留下大概二十五美元的硬幣在身上，特別你是從美國來的話更是如此，因為你會習慣使用紙鈔購物。

更糟的是，日本沒有小費文化。有次我到一間豆腐餐館吃午餐，日本的餐廳服務當然好到家。結帳時，我非常精確地付了帳單上大概一百美元的金額，因為如果我試圖在桌上留下一些小費，即使只是一百日圓，服務生絕對會追著我離開的腳步，告訴我「忘了」把錢帶走了。

如果我要長住日本，我會發明一套日幣使用管理策略。我問了一位住在千葉的朋友凱特，如何處理掉為數不少的日圓硬幣庫存。她說還是都花掉了，結帳時，收銀員和排在後面的大媽會非常體恤你身為外國人的困擾，他們會幫助你算出精準的數字用掉硬幣，就算會對此不耐煩地碎念，你也不會發現。凱特告訴我日本人認為留著五日圓的硬幣會招來好運（就是中間有一個洞的硬幣）。五日圓也是唯一沒有寫上阿拉伯數字的硬幣，這也是為什麼你會看到很多外國人瞇著眼睛盯著五日圓硬幣找幣值的原因。

那麼，最後我們到底怎麼花掉這些硬幣呢？我們在「貓咖啡廳」用掉它的。

很多東京人和伊莉絲一樣喜愛貓，但卻不被允許養貓。就伊莉絲而言，是因為她爸媽以偏概全。我們怎麼會有偏見？因為我們猶然記得有次朋友假日寄放的那隻西伯利亞純種貓，牠不僅喵喵叫了一整晚，還攻擊我們的腳趾頭。

因此，我們拿貓沒轍，也不想養貓，但是日本有「貓咖啡廳」，這是給喜愛貓但是不想或不能在家養貓的人提供的消費。伊莉絲最喜歡的「貓咖啡廳」是Cat Cafe ねころび，就在池袋旁邊。當我第一次聽到「貓咖啡廳」時，腦中浮現自己坐在星巴克的椅子上，有隻貓躺在我腿上的畫面，並不是那回事。Cat Cafe ねころび是一個愛貓的孩子想像的「夢幻公寓」：一間浴室、一台飲料販賣機（自助式）、滿桌的甜點、電視遊樂器、十隻貓以及屬於這些貓的玩具、素描海報、床、可攀爬的遊樂器，順帶一提，家具都是如懶人沙發的簡單設計。想想看這是多麼令孩子們瘋狂的空間！這些貓也出乎意料地十分友善，我從來沒有看過這麼一大群貓可以如此平易近人。我最喜歡的是一隻淺灰色的長毛貓，當我坐在懶人沙發上時牠蜷縮在一旁睡覺。伊莉絲拿著補充維他命C的氣泡飲料在餐廳裡走了幾圈，小心地平均分配和每一隻貓玩耍的時間，更沒有漏掉一隻長得像老派卡通裡被煎鍋打到的扁臉貓。

我們拿出兩千日圓的零錢準備結帳，櫃台小姐驚呼：「太好了！」我連忙為自己不合文化的舉止道歉，並且要求自己算錢就好，但她告訴我沒什麼大不了的，等等她來算就好了。在我們要準備穿鞋離開時，她已經算好兩百日圓放在找零的托盤上了。

去了三次貓咖啡廳後，我也漸漸習慣看書時貓在身旁磨蹭撒嬌了，只是後悔自己當下信誓旦旦地同意伊莉絲以後會養貓這件事，所以我絕口不提這件事。

## 柏青哥

我們每天都會經過一扇綠色的店門，上頭寫著「Pretty Good #1 Alley」，感應門感應了我們靠近的腳步後隨之打開，裡頭飄出一團煙雲、釋放如地獄受苦靈魂的吶喊、又吹出陣陣陰風。這是日本國際賭博中心的大廳。

「你應該去裡頭瞧瞧的。」伊莉絲說。

「我不想去。你想想，從外頭聽到的聲音就這麼大聲了，更何況室內。」

「增廣見聞阿。」

柏青哥（Pachinko）是日本最受歡迎的賭博遊戲，近十年發展成電腦遊戲，連聲效都完整轉型。彈珠遊戲Peggle是以柏青哥為雛形設計的遊戲，你彈射一枚彈珠後等最後是否滾入目標就好，不過沒有檔板（看到這裡的讀者不用寄信告訴我怎麼贏得更多代幣）。玩家把小鋼珠放在指定遊戲區，小鋼珠就會開始滾動，看最後落在哪裡決定可以得幾個小鋼珠。我小時候有一台柏青哥，是完全手動的機型，附有彈簧拉霸。那時我看了看照片裡的柏青哥，心想自己這台才是貨真價實的柏青哥。一旦把彈珠彈射出去後，會先經過一些釘子，依最後滾入哪一個彈珠洞計分。我常玩這個遊戲機。

儘管如此，在日本賭博並不合法。嗜玩柏青哥的賭徒不像小貓對閃閃發亮的東西著迷一樣玩玩就忘了。據有限的資訊，這個遊戲還可以賺錢，當你贏了一整袋的鋼珠後，可以換取各式各樣的食物，像是美國電玩披薩店Chuck E. Cheese's一樣。在柏青哥電玩店旁是一間當鋪，你可以把捕獲的一袋獵物兌換成現金。一般來說，柏青哥的工作人員不該帶玩家去當鋪的，但如果連我都知道有這門路，大概所有人也都知道了。

「老爸，你什麼時候才要去玩玩看柏青哥啊？」

「你這麼好奇，自己幹嘛不去？」

「我不認為小孩可以進去；不過這會是你寫書的好題材。」

福助日本料理在賭博中心旁的巷子裡，有好吃的河豚生魚片和各式河豚料理。但每次我提議去吃河豚肉，伊莉絲都投反對票，「不要吃河豚！」河豚有劇毒，如果吃到沒有妥善處理的河豚肉會致命。事實上，唯一因誤食河豚肉中毒的人是冒險玩家們，而不是店裡的客人。同時，她卻想盡辦法說服我玩柏青哥輸掉我們所有的盤纏。

最後還是被說服了，她為我保管錢包，在國際賭博中心門外等我，但我身上只能帶一千日圓，大概是十美元。進去時有個深切的念頭：

以下是幾個比賭博中心安靜的地方：

・AK47槍迷的交火區域
・警笛鳴響、啟動引擎出隊的消防局
・金屬鑄件廠
・沒有午休的幼兒園

・一八八三年喀拉喀托（Krakatoa）火山爆發

當下我環視四周，驚訝地看著那些玩柏青哥的人，他們是不是已經聾了？我根本不能在這裡待幾分鐘。現在回想起來，他們無疑是聾了。

我在數百台的柏青哥中選了一台坐下，然後把零錢投進投幣孔裡，但是機器沒有反應。一位服務生前來，臉上寫著「你在這裡做什麼」的表情，按下一個按鈕後有幾個鋼珠跑出來。一般的柏青哥沒有像我小時候玩的那種有彈簧拉霸，只有可在瞬間發射彈珠的大砲，你只需要把彈珠瞄準一個幾乎沒有準心的靶。

儘管曾經擁有一台柏青哥而且曾是彈珠遊戲Peggle的大贏家（為此我用盡辦法想將這份殊榮從機器台裡印出來），我還是在五分鐘內輸光了。還好，最後我贏回幾個鋼珠，並立即將鋼珠投回機器，誰知道會不會贏回來呢？

「好玩嗎？」伊莉絲興沖沖地問。

「你說什麼？大聲點！」我回答。

# 拉麵。

經過十小時的飛行、快速通過海關後，我們終於在東京成田機場搭上了高速的京成鐵路；突然有一個男人要求查看我們的車票，他並不是列車長，後來才知道是我們不小心坐錯了位置。找到正確的座位後，我到販賣機買了瓶CC Lemon飲料和洛莉、伊莉絲共享，望向窗外，美麗的東京市容盡收眼底，叫人醉心。

到飯店時是東京時間晚上六點半，西雅圖時間是凌晨兩點半，而我們的生理時鐘也正好是當地時間。調整時差的祕訣是在機上依當地時間吃喝休憩，不過，這對一個想睡覺的孩子來說可不容易，要她撐著惺忪睡眼一分鐘都不忍心。後來我們被飢餓的五臟廟帶往淺草街，尋覓一個方便、經濟又可以飽餐一頓的晚餐。拉麵是不二選擇，但吃飯前我們得先學會制服拉麵機。

拉麵機就像是一種喜好測驗，內含菜單。你可以在拉麵店門外或門內看到這台機器，點餐的方式是按下選定的菜色如拉麵、日式鍋貼、米飯等。這種點餐機在拉麵店很常見，但其他類型的餐廳就不多了。有些拉麵機會有彩色餐點的圖示，有些則只有日文，如果你排隊點餐時恰巧遇上這種機型，就可以依價位點餐，像是機器上的按鈕，標示著七百到一千日圓的字樣，就大概可以點一碗簡單的拉麵，或者你也可以和前面的人點一樣的口味。

幸好淺草寺的拉麵機就附有圖片，我才能如願點到豚骨（Tonkotus）拉麵和日式鍋貼（豚骨tonkotus和豬排tonkatus不一樣，雖然ton-都是豬肉的意思）。我們投進一些錢後就可以將餐卷交給服務生備餐，這台機器著實為服務人員節省不少時間，免去他們在桌旁耐心等候猶豫不決的客人點餐的義務。只是我不明白為什麼只有拉麵店才有點餐機。

在東京，拉麵只是廚師眼中的小把戲。一只湯碗加上細白的麵條就是一碗拉麵。實際上，真的有一條拉麵美食街位於東京地鐵的B1，整條街上有八家拉麵店。有一天傍晚我們搭了新幹線後來到這條美食街，在有名的Junk Garage豚骨拉麵專賣店門前，對著一張張好吃的照片垂涎三尺，但最後我們選擇沒有人龍的Ramen Honda，這間拉麵的蔥如通天塔般聳立碗中。

網路上有各種英文、日文、塞爾維亞語、印度文、科薩等語言用華麗詞藻讚嘆拉麵的部落格，像是Ramenia、GO RAMEN! RAMEN ADVENTURES、RAMENATE!等，在東京，你可以找到冷熱兩種吃法的拉麵、泰國綠咖哩的拉麵、素食拉麵、厚切豚骨拉麵、義式番茄湯拉麵、北海道味噌拉麵。拉麵店的密集度都能在牆上連成一條線了。

那天晚上，當拉麵上桌時，我們湊近湯碗，小心品嘗它的香氣、分開麵條、輕輕地撥開豚肉和豚骨。我的眼神有點呆滯地注視著一旁的玻璃窗，心想，我終於來到東京了，嘴角不禁揚起一抹微笑。一旁看到的人大概會覺得我可能是個因旅途勞累而過度感性的觀光客，剛剛才用拉麵機品嘗了人生第一碗拉麵。

在東京，拉麵店夏季還會供應涼麵，是一種冷的拉麵佐上火腿絲、小黃瓜絲和炒蛋，再搭配芝麻醬或和風醬，有時候還有番茄切片或海藻。這些配料整齊地在拉麵麵條上排列成放射狀，淋上醬汁攪拌均勻即可食用。這是碗大雜燴，涼爽又風味十足。

在日本著名漫畫《美味大挑戰》中，有一集是拉麵和日式鍋貼的對決。年輕記者山岡想寫一篇日式涼麵的報導，但他卻說對日式涼麵完全沒興趣，不過是偽中華涼麵佐加工食品的一道菜罷了。不過後來他收回這番話，其實冷麵、冷湯、冷盤的料理是端得上檯面的！他說得真是對極了！於是他用有機小麥製麵並請了一位中國廚師來料理，向一位市場奶奶買了山雞肉，並用上等的日本醋、醬油和清酒醃漬。如此的豐盛，卻還是無法媲美山岡的小氣父親海原雄山，他能用中國醋、醬油和米酒做出更好吃的涼麵。

我很喜歡這個受歡迎的美食漫畫，即使我從來都沒聽過這些料理。山岡和海原都一致認同涼麵需要用品質好的食材，但卻無法在這道涼麵的「國籍」上取得共識：是中華料理還是日式料理，或者有折衷的選擇？日式料理不像美式料理單純，會因地緣的關係相互影響或融合。

為了找尋靈感，也是為了滿足口腹之慾，我去了趟日本橋的札幌屋吃午餐。《Foods Sake Tokyo》的作者坂本由香里在書中提及要吃最好吃的涼麵，就要去札幌屋（山岡也曾在銀座大肆評論一番）。那天的天氣很適合吃冷麵、冷湯和冷盤，餐廳距離車站有三個街口之遠，這段路我必須找到販賣機買水解渴，並小心靠著牆避免暈倒。那天氣象報導的官方溫度是攝氏24度（高溫高達攝氏26度）嗎？東京的夏天，我總覺得有32度（根本就像190度）！

總之，我還是到達位於地下室的餐廳了。有一位男人坐在櫃檯前，拿著你的點菜單和現金並手寫一張票卡，那是給一位身高182公分的女服務員看的。這個點餐機制我並不覺得特別有效率，但我當時想的並不是人力配置的問題，而是這家是我見過最醜的一家店。

全東京有上千家拉麵店，如果想評價它們的門面其實是不智之舉。但有很多家不起眼的小店，卻像有著四季酒店的水準。這些餐廳衛生並不算差，在東京沒有真正很髒的餐廳，二十多年的陳年汙垢不算是藏汙納垢。店內的裝潢彷彿傳達著「如果你不甚滿意，建議你還是趕快滾去吃懷石料理吧」當然，很多美味拉麵店裡頭飄來的大骨湯頭味道，聞起來像是熬煮三天般濃郁，如果你坐的是吧台的位置，就可以看到熬煮大骨的巨型大桶子。有些料理（如烤肉、炒洋蔥）的氣味傳入腦中會被斷定為是美食，但這味道並不算其中一種。

以日本人重視細節的民族性來說，這個造成環境衛生「異常疏失」唯一的原因，是希望顧客能感受他們不僅花重金用好食材，更全神貫注在製作這碗麵。為了呼應這項專注，你就要學會忽略或是欣賞這樣凌亂骯髒的店面。也就是「我們的拉麵很好吃，因此沒必要洗窗簾」的概念。

在拉麵店用餐時，也被要求要快速吃完並且盡快離開。拉麵店不是小情侶可以約會的地方，這裡用餐的效率如同軍營伙食一般。因此，「一蘭拉麵」這間連鎖店特別規劃了吧台座位區，走到比書桌還小的位置並且拿出你的餐票，一位面無表情的服務生穿過門簾為你端出一碗湯。儘管如此，我們一家常光顧的拉麵店也是以當地人速度用餐，並且感到非常自在，但我們卻不去一蘭拉麵。

回到主打札幌拉麵這個地下室的餐廳，裡頭沒有一點天然光線，只有過於昏暗、照得人臉色發黃的燈光。牆壁是黃綠色的，如果你要翻拍《神曲》，這裡很適合煉獄一景。

服務生端來的這盤麻醬涼麵有著漂亮的蔬菜配色和擺盤，非常與眾不同，藍白相間的淺口碗襯托著黃色的麵條，上頭還有白蘿蔔絲、薑絲、燒肉、嫩筍、番茄、紫菜絲、小黃瓜、四季豆，半顆水煮蛋佐日式芥末。用筷子將所有材料混合在一起後還是非常精緻。

當時我和另外兩位客人併桌吃麵，一位看起來是匆匆用餐的業務，穿著夏季的白襯衫及黑褲。他只用了五分鐘扒完這碗涼麵，隨即回去工作。在東京工作的人似乎都有這樣的特異能力快速解決一餐。每次出外用餐，在身旁用餐的人消失的速度與就如同雲霧般快速，彷彿一旁還出現了「咻」字。這次另一位在我旁邊的是個穿著休閒的老先生，可能已經退休了，吃得和我一樣慢，而且有種溢於言表的喜悅。吃進的每一口都有不同的風味，每一口卻都唇齒留香。

對山岡士郎來說也許不是那麼對味，畢竟十一美元的食物不可能用有機蔬菜或高級食材，但對我來說卻是佳餚。

吃完我回神過來，看到四周可怕的裝潢，在還沒成了反烏托邦小說主角前趕緊走出門外。

我們「隔壁的」拉麵店叫青葉（Aoba），之所以特別這麼稱呼這家店是因為住所鄰近的地方有超過五十間拉麵店，然而這間卻是我們的最愛。

青葉拉麵的美味在於用豚骨和魚肉做的湯底，麵條扎實又有彈性，肉片烤得很嫩；這間店還有個貼心的服務，他們會自動送上一只小碗讓伊莉絲可以一同品嘗美味。

其實這家店還有其他更值得我推薦的優點，是我尚未提及另外兩項鑑賞拉麵的角度：蛋和麵條的處理。

拉麵最受歡迎的佐料之一就是水煮蛋，不像快速的真空低溫料理，拉麵的水煮蛋熟度要拿捏得恰到好處。拉麵的蛋（日文是煮玉子）需要浸在特調的醬油裡，直到外面的蛋白呈現淡淡的咖啡色，嘗起來有一點甜也有一點鹹。我很喜歡將拉麵玉子留在最後吃，泡在碗底的湯汁裡，用筷子劃破軟嫩的蛋黃卻又不會流出蛋黃汁。浸潤在湯汁裡的玉子吸收了精華，嘗起來美味極了！這讓我甚至忘了品嘗的是拉麵。

又冷又熱的麵也是日本夏季料理的特色，很多拉麵店，包含青葉，都會主打沾麵，也就是浸漬拉麵。沾麵顛覆了制式的拉麵，一碗冷麵和一小碗熱的、特濃湯汁和配菜，沾麵的吃法就是你得用筷子夾起一些拉麵並放進湯汁碗中，再送進嘴裡。這真是太新穎的拉麵吃法了，不過除非你從小就被培養啜吸麵條的物理學，否則就準備吃得滿身湯汁吧！

# 最好的超市。

「沒有人會在超市取景拍攝，然而這裡卻是個完全無修飾的自然場景，你會體悟到真正的文化意涵、人類真實的渴望及品味。」——彼得・喬恩・林德伯格

前陣子，我在收聽精彩餐桌（The Splendid Table）這個廣播節目，主持人Lynn Rossetto Kasper正在訪問旅遊與休閒專欄作家彼得・喬恩・林德伯格（Peter Jon Lindberg），主題是世界各角落的超市。

「你覺得最棒的超市在哪一個國家？」主持人Kasper問道。

「最棒的超市非日本莫屬了。」林德柏格毫不遲疑的回答。

走進中野的Life超市（Life Supermarket）那一剎那，我頓時明白林德柏格為

什麼這麼回答了。這間超市用拼音寫作「rye-fuh」，日文同音，除了只有腳踏車停車場以外，它看起來像是美國郊區的超市。日本的腳踏車停車場占地甚大，我還在淺草的購物中心看到近千輛的腳踏車停放在外，一台緊貼著一台，根本沒位置為你寫停車格序號。

穿進電動門、搭上電扶梯到了地下室，如果天氣很熱（七月每天都很熱），你可以啜飲一陣冷氣涼風，可能還會傳來一小段超市的主題曲。超市會隨機隨地用不同曲風撥放這五秒的曲子，由女聲唱著「好玩、好玩、好玩／驚喜、驚喜！」不斷重複撥放。

逛五層樓的購物中心時聽到這首歌令人感到不耐。剛開始你還覺得有趣，接著會感到困惑，不自覺地開始感到煩躁易怒。沒多久你開始大眼圓睜，開始瘋狂拿起日本糖果丟進購物籃。幾天後，我從「真搞不懂他們怎麼會用這首爛歌毀了這麼漂亮的購物中心？」進入另一個階段「我似乎聽不到那首歌了，但不知怎麼的，越來越覺得如果多在這裡購物，似乎會找到一些好玩又驚奇的事情。」

你可能覺得荒謬至極，但是Life超市的確「專賣」令人著迷的道地日本食物。在一間廚房煮日本料理很容易，囤放令人愉悅的日本食材並在超市裡購物也一樣變得容易。比起美國郊區的超市，Life超市相形之下是非常微型的超市。

好啦，說真的是有一排洋食區，不過一旁會擺放日本製的同樣商品。你可以找到幾家美國大牌子像是家樂氏（Kellogg's），不過包裝外沒有一個英文字。在日本賣最好的口味是巧克力米脆片。看起來滿好吃的紙盒後面還有簡單的食譜建議，像是豆腐沙拉和香味十足的日式大阪燒，上頭可以灑一點巧克力米脆片。

去Life超市補貨便宜又實惠，我買了醬油、味醂、米醋、米、鹽和糖（身為外國人，我總是發生站在要買的東西旁詢問店員東西在哪的窘境）。買了這麼多東西，只花了我十五美元，而最貴的是那袋米。日本民族是個頑固嚴格的米農保護國，向進口米品牌徵收相當高的關稅。因此，超市裡賣的都是日本自產的稻米，高品質而且極其昂貴。架上陳列多種稻米的牌子，包裝上標示產地和米的種類（我做了餐廳市調並且選擇了第二便宜的牌子）。日本人喜歡清楚區分不同產地的商品，我幾乎沒看到相同產地的食材，如同美國絕對新鮮的農場直送餐廳（farm-to-table restaurant），像是北海道的牛奶、新潟的米、宇治的茶，這些都是很好的選擇。我想如同在美國，馬鈴薯要買愛達荷州生產、柳橙汁要買佛羅里達州生產的一樣。

一回到家，我便打開鹽和糖並拿一小匙放在小碗裡，擺在火爐旁。隔天我才知道日本的鹽和糖有吸濕的功能，結晶體能吸收空氣中的水分（東京夏天的空氣非常潮濕）。潮掉的鹽和糖並沒有變質，我仍會從小碗中酌取少量來烹飪。

我常去Life超市購物，在那裡購物令人感到很愉悅。在生鮮區，我會買小黃瓜、小白菜和薑，而且懂得挑選老薑和嫩薑，如同在西方超市時挑選熟薑一樣。我還買了不少的negi。Negi又稱作日本蔥或威爾士洋蔥，為了和大阪、京都、神戶和關西等地所產的較短、顏色更綠的蔥有所區別，在東京則稱為白蔥（shiro negi）或長蔥（neganegi）（東京屬於關東地區，常和關西地區的食物、文化、語言等相比較。這兩個地區距離快五百公里，大概兩個半小時的車程。不過對觀光客來說，這兩個地區的文化差異甚遠，就像奧勒岡和華盛頓區一樣。）

蔥是東京人最愛用的香料蔬菜，也是我愛用的食材。比香蔥粗大、又比綠洋蔥細薄。蔥是萬用佐料，切成細絲可以用做麵食、丼飯、豆腐的裝飾；厚切蔥段可以加入火鍋或做烤雞肉串燒。日本蔥的傳奇已從東京宣揚到日本各地。你可以在烏龍麵店買到一整杯切碎的蔥，帶回去製作屬於自己的美味蔥料理。即便我們回到西雅圖了，沒有蔥我們絕不開動。

日本製品絕妙之處在於它和包裝所示一樣美味，不過，有機食物就另當別論了，特別是茄子和南瓜。我常在逛賣場時一猶未盡，雖然菜籃裡的食物已經夠了。也許就像美國政治家菲爾・格蘭曾說過：「我擁有的槍枝數量比我所需要的多，卻仍未滿足我的需求。」

日本的蔬菜產量豐富、價格低廉、無瑕又美味，離開冷藏五分鐘的運輸過程就是蔬菜保鮮的極限了，然而在LIfe超市可以買到的小黃瓜卻是人間尤物。只是超市的水果大多都是進口的，價格相對昂貴，品質卻不怎麼樣。那裡的蘋果、葡萄和藍莓都沒有西雅圖的好吃。來日本的觀光客一定會吃的高貴哈密瓜，平價的Life超市卻只賣四十美元而不是上百元的價格。

在生鮮食品旁是自選區蔬菜，一桶一桶的擺放在一起。辣椒區相對的較小，智利乾辣椒則擺放在顯眼的地方。我也喜歡辣味醃菜如小黃瓜、胡蘿蔔和白菜。事實上，除了超商賣的辣味泡菜御飯糰，我在東京沒吃過真的很辣的食物。因此，Life超市精選的其他八十七種醃菜，我也沒嘗試過。

在日本超市買魚很令人雀躍，儘管只是擺在保麗龍托盤販售。最常見也是我最愛的鯖魚總是被搶購一空，似乎是限量供應。這裡的鯖魚的確很便宜，用烤魚台烹煮的話就是一道相當方便快速的料理。

論及冷食，我則是喜歡一道韓國拌飯料理，裡面有各種生的、煮過的、新鮮的、冷食的配料。只是我喜歡的冷盤只有冷水，我知道這不貼切的說法就如同把紐約貝果和自來水拿來比較一樣，但東京的冰塊真的很不一樣，日本的冰塊會裝在夾鏈塑膠袋中販售，上面寫著日文字「氷」，從外面看非常清澈且不斷融化，像是一個獨具匠心的短暫藝術品。每次從Life超市或是他地方購物回家後，我會不計形象地甩開鞋子，將買回來的冰塊放進玻璃杯中，倒進一些麥茶（Mugicha，非茶類，只是將麥子泡在冷水裡的飲品）。你可以自己做麥茶包，即放一些大麥在茶包裡，不過我們在Life超市買的是大寶特瓶裝的麥茶。喝起來有點像咖啡，在炎炎夏日喝一杯非常解渴，尤其是東京的夏天！我剛開始覺得麥茶的味道很特別，但隨後卻喝上了好幾加侖。東京麥茶的銷售量，就如同好幾池裝滿咖啡色液體的游泳池。

超市賣的肉品大多都是切片的，適於煮火鍋、方便料理，牛排也是切成薄片或塊狀。除了大眾的肉品，還有和牛及美國極黑豬肉。日本超市賣的肉質平均都比美國肉商要來得好。

講了這麼多，Life超市卻不算是世上最好的一家，東京的每家超市都擁有世界級的好品質。但我不曾買過半熟成品的食物，像是兩種不同口味的串燒、重新炸過外表仍酥脆的炸物、看起來好吃可口的沙拉或煮過的蔬菜等。

Life超市的主要樓層也賣家居用品和文具，我喜歡在西雅圖買不到、精美昂貴的自動鉛筆，Life超市只要一支五美元。後來，我跟朋友艾咪說買到三菱（Uni-Ball）鉛筆時有多雀躍，但我習慣把Uni-Ball念成Oo-nee ball，她瘋狂笑了出來，原來我不知不覺說成「sea urchin ball」（海膽球）了。

Life超市的收銀櫃檯附有半自動化的點鈔找零機。如果你用紙鈔結帳，收銀員會把紙鈔垂直放進機器中，機器會自動找錢給你。從機器找的零錢熱熱的，很像是剛出爐的錢一樣讓人感到滿足。

如果想了解日本為什麼號稱為吃的殿堂，建議你該走訪一趟7-11。7-11是一間日本公司，這也是為什麼美國的7-11也找得到特價的嗨啾（HI-CHEW），東京有超過上千七百間7-11，是世上分店最多的城市。這聽起來真像是吹噓自己擁有世界最大的集貨區一樣，但你只要去一趟東京的7-11後，想法就會截然不同了。

還記得第一次去東京的最後一天，伊莉絲和我在淺草仲見世華而不實的紀念品商場一帶閒晃，在窄如血管的街道穿梭。我們駐足在一間店面前，穿過玻璃看著一位老先生正在揉搓蕎麥麵糰，他將揉好的麵糰在鋪滿麵粉的桌上滾成柱狀，展開後又用手上的菜刀削成麵條，廚師準確拿捏揮刀的距離和力道工作著。我對伊莉絲說，既然都到這裡了不如午餐就吃蕎麥麵吧，不多久服務生便端來裝著冷蕎麥麵的木盒上桌了，感覺像在碼頭吃午餐一樣。

伊莉絲遺傳我幾近強迫症的守時習慣，常擔心錯過公車、火車或飛機窮緊張，她急忙建議我們在附近的7-11買個便當坐下來候機。

於是我坐在三個街口外的美國7-11超商，以新聞記者的精準推測來說，我停在這裡應該可以找到一頓五美元以下的熱食、營養午餐。果然我找到了兩個墨西哥捲餅、布法洛雞肉捲（Buffalo Chicken Roller）和思樂冰。其他還有微波牛肉豆捲餅（beef-and-bean burrito），或是精緻午餐盒。對一間美國超商而言，午餐的意義即是提供我們所有方便、濃縮的餐點。但墨西哥捲餅吃起來就是垃圾食物，布法洛雞肉捲也一樣難吃，像是脫水雞肉綑著牛肉條。

接著我們來看看日本的7-11有何不同，現在某人正在多達十幾種的便當前挑選午餐，每一盒都是早上才剛送達，有烤魚、壽司、麻婆豆腐、日式炸豬排等。所以對一間日本超商而言，午餐的意義是什麼呢？鮮食！

我們那天走過新鮮蕎麥麵店，伊莉絲買了一盒日式炸豬排便當，我選擇兩個飯糰，一個是梅干口味，另一個是明太子口味。以一點五美元來說，超商的飯糰包進了上等的食材，飯糰中心的食材通常是美味的鹹食，接著外圍包上一層又一層的飯，像是酸酸鹹鹹的梅干、醃鮭魚切片、鱈魚或烏魚子。

包好的飯糰被機器形塑成漂亮的三角形，日本米比其他的亞洲米特別，因為日本地理位置偏北，氣候稍冷，有良好的環境栽植稻米。壽司或飯糰用糯米做的話簡直是悲劇，《美味大挑戰》中曾褒讚日本飯糰是唯一的指標，因為日本有特別的米種，但我仍保持懷疑的態度，中、短型的米種在中國南方也很受歡迎，我甚至推測產米的國家可能都把米飯壓塑成飯糰食用，就像我習慣把白麵包壓成拳頭大小食用一樣（拜託，又不是只有我會這麼做）。

接下來我們要討論玻璃紙，海苔外還有一層玻璃紙，作用和星際大戰的韓・蘇洛被困在炸藥箱裡有異曲同工之妙——保持鮮脆可以享用（我假設這是赫特人的初衷）。依照飯糰包裝外的紅色指示線拆封，再從三角形的左右兩側拉開玻璃紙，包著鮮脆海苔的好吃飯糰就即可享用了。

但不是每個人都覺得超商御飯糰的包裝設計很方便好用。「海苔不一定要吃起來脆脆的嘛！」二木在《美味大挑戰》的吃米樂（The Joy of Rice）單元裡直言，「海苔就是要濕濕軟軟的和著熱飯糰一起吃才會好吃啊！」藝人山岡久乃（Hisano Yamaoka）也表示認同，真怪！無論如何，我們很幸運地可以在超商選購濕軟的海苔飯糰和香脆的海苔飯糰。

只要我們住在中野的一天，就離不開便利商店一步。日本不只有7-11，還有全家（Family Mart）、Lawson、Mini Stop和Daily Yamazaki。伊莉絲每次都把Daily Yamazaki看作Dried-out Yamaoka，讓我們笑歪了。

便利商店成功的祕訣不是祕密，店面外觀或店內擺設和美國超商如出一轍，但是商品全都在地化精緻供應。絕大多時候我都在談論美食，但這次我要談一談在7-11買的一本一美元的學園筆記本（Campus-brand notebook），這本筆記本不僅耐用而且外觀精美，甚至成了我最愛用的筆記本。還有另一個在日本受歡迎的筆記本品牌VIFART，法文字義是復興藝術；如果你覺得很有趣，那表示我們是同一掛的。

便利商店熟食區的食物有炸豬排、炸雞、炸肉餅（即漢堡排），中華豬肉包子、可樂餅、海鮮類如酥炸魷魚或牡蠣超商甚至刻意營造食品的國際化多樣性，還有美式炸熱狗可以選擇。

有一次我在7-11前面停下腳步，買了金牌咖哩牛蒸飯、稻禾壽司（就是甜的炸豆皮包壽司飯）、冷麵沙拉和一根香蕉當午餐。在美國的7-11，一個家庭吃這一份午餐大概只是海邊野餐的開胃菜，不過卻滿足了購物和嘗鮮的樂趣。

泡麵在日本以及在全世界的學生宿舍一樣普遍，不過口味的選擇則比在美國的雜貨店廣多了，為沒時間也沒閒錢的人提供了美味的餐點（此外，冷拉麵也很好吃，到日本超市請找Myojo Chukazanmai這個牌子）。在便利商店的冰箱前猶豫不決時，至少可以選擇泡麵當一餐。

每一家超商和美國的一樣都有一些下酒菜點心，不過在日本不一定要配啤酒食用。我們一家都愛Cheeza，一種像有坑洞的起司，有很多種口味，包裝外標示著乳含量，如同名貴巧克力的外包裝也有標示可可亞含量一樣。最低乳含量仍超過50%，而且吃起來有點硬。如果你過去十幾年都習慣吃美國口味的糖果點心，你一定會在日本不斷驚呼：「這吃起來和……一樣！」還有一種很好吃的起士點心，乾乳酪塊配烤杏仁。下酒菜專區也有很多海鮮點心，像是小魚乾杏仁片、魷魚乾還有一些觸角類的海鮮。

有時候我會逛一逛雜誌區，尤其食譜類的雜誌像是《Orange Page》、《Today's Food》還有一些男人烹飪誌（肉類食譜專刊）。即使這些雜誌都是日文，但編排內容都非常淺顯易懂，根本不需要懂日文就可以操作。

東京的7-11美中不足的地方只有不賣思樂冰。

而相對於超商的高品質購物，就要去百貨公司的地下商場（depachika）。東京有不少大型百貨，每一間都附有地下商場。

地下商場沒有別的，就是富含日本文化的昂貴超市，販賣日本和進口食品、甜食、點心等。最優質的地庫商場設有超過百樣的品牌，一次逛不完。不過，我逛Life超市時非常自在，但在地下商場卻無法舒適購物，逛起來真如同食品的巴別塔，如果這些商品是可食用，那應該有銷售人員，但他們在哪裡？要怎麼不被這些蛋糕、甜點、中華料理和便當吸引？

新宿的伊勢丹地下商場有販售法國甜點大師Pierre Herme的簽名蛋糕和馬卡龍，一旁擺著不落人後的日法糕點師傅青木定治（Sadaharu Aoki）的甜點。東京是品嚐法國甜點的不二選擇，品質和口味都和原廠一樣好，甚至比巴黎的更好，無人能及。

我在串燒和炸串燒兩攤之間遊走，炸串燒是裹粉炸的食物串，每一間地庫商場都能買到熟的炸串燒，或生肉串可以帶回家料理。不過，炸過第二次已經不酥脆的炸串燒和在悶熱的商場吃都不太讓人有胃口。但大部分的炸串燒都看起來都很有賣相！

我還曾在伊勢丹看到專賣中國春捲的櫃位，看起來內餡豐富美味；在另一間商場則有賣日本口味的蒸籠包。其實已經算不清楚到底去過幾家地庫商場了，但我每次都在日本橋的高島屋百貨裡的醃漬品區（tsukemono）停留半晌，這一區就如同奇幻恐怖小說版的拉丁美洲鮮蔬區一樣！不同於Life超市裡包裝精美、完整的醃漬品，高島屋的是貨真價實從日光曝曬的地方直送賣場的醃漬品，香味十足（臭）、米糠（nukazuke）、酒粕（nukazuke）、醃藍色茄子、紅生薑、粉紅生薑、醃梅干黃瓜、鹹海水醃杏桃。梅干有很多種，你可以在隔壁攤選購，而擺在轉角的醃白蘿蔔就像一條條睡著的蛇。

雖然每一攤都設有試吃品，或醃漬物旁都有肉品搭售，但如果你仍覺得這個場景很陌生，我也有同感。日本食用醃漬品的普遍性僅次於韓國，很多蔬菜受「漬」於此，如同熟葡萄一定要釀酒一樣。就算我上了一堂名師Elizabeth

Andoh的漬物課，地下商場的漬物區仍像是一個混亂的縮影，卻又是美麗東京的一部分。

# 日本早餐。

冒著得罪人的風險，我還是得誠實地說：世界上只有兩種好吃的早餐。

一種是隔夜披薩，熱過真的美味。把有料的那一面朝下放在平底鍋上，用中火烤熱，等到起司和其他餡料有一點焦味酥脆時翻面，並繼續加熱直到全熱為止。相信我，這招是我跟一個只認識A片主角Maryjane和Tommy的小子學的。

另一種就是日本的早餐，完整的日式早餐重點要有米飯、漬物、味噌湯，三種即使分開食用都很美味；在飯店或餐廳則會供應烤魚、炒蔬菜、豆腐和炒蛋。高級飯店供應的道地日式早餐則有七盤或甚至更多的搭配選擇，但從不會讓妳感到驚奇，完美地呈現奢華和內斂。和我喜歡的英式早餐不同的是，吃完日式早餐後，感覺滿有元氣的迎接一天的開始，而不會倒頭選擇回籠覺。

早餐的飯通常都會用海苔包著，拆開包飯糰的塑膠包裝，就可以配海苔一起享用，就像業餘握壽司一樣，也可以沾一些醬油吃。不過，把酥脆的海苔用筷子包在飯糰外，對我來說已經是超越普通巫師等級的技能了。在《美味大挑戰》的日本料理篇中，山岡就曾為了沒有先用海苔包飯糰再沾醬油吃，而批評他的編輯：「你不能浪費把海苔裝進保鮮的袋子裡的人的苦心啊！」

順帶一提，海苔也是威爾士（Wales）的傳統早餐，那個地方有名的是海苔麵包，把烤過的海苔放在燕麥麵包上。是相同的海藻，但不同產地。

早餐的魚有時是himono（半乾的魚乾，口味較重且很有嚼勁，比較像是醃鯡魚或燻鮭魚），有時是一小條鹹度適中的蒸魚。日本廚師各個切魚刀功一流，只用鹽和高溫使其入味，吃起來的口感也很有層次，有酥脆，同時也有入口即化、多汁的口感。不過有些是師傅做的，有些則是中央廚房製造的，有些則是用機器處理，美味的魚從海裡撈上岸後，快速地從築地魚市場送至日本人的早餐桌上，再用鹽醃漬過。

我吃完了魚，要喝味噌湯了。用飯碗盛裝的味噌湯好像有什麼藏在裡面一樣，湯料就像你在西方國家吃壽司前喝的一樣，一些紫菜和豆腐，但我和伊莉絲都很喜歡在碗裡發現蛤蜊的殼。蛤蜊和味噌是絕佳搭檔，如同西班牙料理中的蛤蜊和香腸那般相配。蛤蜊大概只有指甲般大小，大部分是用來煮湯底用的，不是馬利歐・巴塔利（Mario Batali）所說的那種「青鼻涕」。味噌蛤蜊湯有著前所未有的複雜口感，有幾分鐘它的味道會融合在一起，但不是連續幾個小時都無法分辨出來。如Tadashi Ono和Harris Salat在《日式火鍋》中所述，這是因為所有食材已完美結合在一起，每種食材都釋放出該有的味道在湯頭中。

日式料理有一個遠近馳名的特色，超越平淡無奇和豐富絕倫的限制。但一個好的味噌蛤蜊湯像是鮮味的炸彈，從海帶、鰹魚乾、柴魚片或小魚乾釋放出來的鮮味流入濃稠的味噌湯，最後才是蛤蜊的鮮味。

如果味噌湯是西方人最平易近人的早餐選擇，那麼納豆就是完全相反的食物。納豆與豆腐和味增一樣都是黃豆製品，小小的黃豆放在塑膠盒裡販售，打開包裝時不會發覺任何異樣，但當你開始攪動它時，就會產生黏稠的絲狀物，越攪動就會出現越多黏膩惱人的絲狀物，這就是有人愛吃納豆的原因，一旦被納豆的牽絲狀態取悅，吃納豆配飯、醬油或有時加點生雞蛋，讓它更黏稠讓你吃得更滿足。

納豆一直是日本料理中鮮為西方人所知的食物，我也不認為它會在幾個世紀後受到西方人的推崇。我剛才有說納豆有一點霉臭味嗎？其實我還滿不正常的，因為我覺得納豆雖不美味卻也沒有多可怕。對我來說，納豆的味道跟咖啡很相近。我沒有特別去找尋它，但這並沒有催促我趕往像京都那樣的地方，我們往後就會見面了。

早餐中的蛋料理不可或缺，有很多種烹調方式，但日本大部分都會做玉子燒。你可以在當地的壽司店找到這種甜的煎蛋捲，被視為壽司的開胃菜。在東京，好吃的玉子燒是一種欲望的延伸，把玉子燒切成厚厚的塊狀，蛋捲裡的奶油流溢出來，並在室溫中食用，與美式早餐的炒蛋是截然不同的風味。你也可以在家自己做玉子燒，但必須特別買一種長方形的平底鍋。除了壽司師傅外，一般人也會買一個擺在家裡。我完全不是煎玉子燒的料，不過有時我會吃炒蛋加醬油、魚湯、味醂，再自己做一個歐姆蛋配飯和海苔。

我曾在小而精緻的飯店享受過美味的日式早餐，也在Denny's吃過。東京的Denny's是必去的景點，這棟建築像是一九八二年的美國Denny's。不過菜單全都日文化，有些主餐也都換成洋食。

洋食就是用日式西餐，很多是在明治時期（1968~1912年）發明的料理，鎖國幾世紀後，日本終於開放進口並引進外國思想，其中包含食品。洋食如漢堡排（索爾斯伯利牛排加上特製醬汁）、咖哩飯、馬鈴薯泥、拿坡里義大利麵都是現在受大眾喜愛的口味，但是這些已日化的口味卻也很難讓西方人喜愛了。

當我問東京人最喜歡什麼食物時，大部分的答案都是洋食，雖沒有樣樣都愛的大滿貫，但是法式吐司和鬆餅也不差；伊莉絲偏愛無尾熊鬆餅，一種小的鬆餅上面擺上兩顆巧克力豆做成眼睛及香草冰淇淋鼻子。很多西式早餐都會佐沙拉。日式早餐則常有魚、白飯、納豆、味噌湯和漬物，好吃又便宜，不到十美元就搞定。最大的牛丼連鎖店「吉野家」也有傳統日式早餐，一份早餐定食只要五美元。吉野家和Denny's一樣是二十四小時營業，早上的顧客大多是喝咖啡或茶的老年人，店內的氣氛比一般美式餐廳更像美式餐廳。

在美國，我們大多吃西式早餐，水果、優格、玉米脆片、培根、吐司配茶。有一次牛奶喝完了，洛莉只好一早出門去休息站旁的小型便利商店買牛奶，為了搭配她的奶茶早餐，我們在Life超市找到同樣的Daily Club紅茶包（超商的茶品區分為綠茶專區和非綠茶專區）。不多久她就帶回一盒牛奶，快速倒入茶裡，並一口乾了它，但那不是牛奶，是一種喝的保加利亞優格，「上面寫著保加利亞幾個大字在包裝上。」我出於好意提醒她，洛莉拿起盒子並做出和酸奶一樣酸的鬼臉，其實上面寫的是ブルガリア（我和伊莉絲會一點日文，但是洛莉完全不懂。）

日本的白麵包是指大塊的低糖白吐司（shokupan），如同奶油麵包的口感，一條切成四、六或八片販售。我買過幾次shokupan，但是想不透為什麼切成四片、六片和八片的白吐司竟是一樣價錢。其實是一樣大小的白吐司切成不同厚度販售。八片裝的大小和愛麗絲夢遊仙境裡的麵包大小相近，六片裝像是我們在西雅圖吃到德克薩州的吐司一樣（現烤的那種，不是冰的大蒜麵包）。四片裝的像是平裝版史蒂芬金的書。這會讓烤吐司機叫苦連天。我和伊莉絲喜歡六片裝的白吐司，用烤土司機烤過後，加上一點奶油和海鹽會更美味。

下一次我在美國的Denny's吃早餐時，可能會有一場文化衝擊：「你說不供應味噌湯和宇治綠茶是什麼意思？你們不是Denny's嗎？算了，我就喝杯咖啡和一包萬寶路就好。」

# 豆腐。

豆腐恆久遠，一塊齒留香。

是啦，對那些苦撐的素食主義者而言豆腐還算是個黑色幽默，他們總是吃著豆製假牛排、閉著眼睛想像牛排的肉味。日本和多數亞洲國家一樣，人們因為喜歡而吃豆腐。最近我和伊莉絲發現在西雅圖有個瘋狂豆腐節，這都要歸因於安德莉亞・阮（Andrea Nguyen）的食譜。

阮氏是食譜作家，專精越南食物，在現代美食潮流圈是個有才又十分有前途的明日之星。她在二〇一二年的著作《亞洲豆腐》（Asia Tofu）儘管書名有些奇怪（如果不是「亞洲」的豆腐咧？），書中帶有一些警示意味，這本書盛讚豆腐應依照天然口味食用，不推崇假肉或隱藏在某些捲餅裡的食材。

當我拿起阮氏的書時，當下求知若渴並快速翻至如何自製豆腐的頁面，不過西雅圖沒有停售豆腐，即便是大賣場的豆腐也供應充足，於是我便開始翻書了解豆皮。

如果你非常不喜歡豆腐的味道，那麼豆皮大概是你最好的催吐劑。不過這玩意兒可是越吃越欲罷不能。身為初學者，你可以先做新鮮的豆漿，不過，我不打算隱瞞豆漿製作的過程有多麼費工夫，你得先浸泡，再磨碎、擠壓黃豆，並將黃豆渣濾乾，最後就能喝到濃醇的豆漿了，和你在大賣場買到那些精製過的截然不同。

要製作豆皮（yuba）的話，必須用低溫熬煮豆漿直到表面產生一層膜，再用手把這層膜剝開，然後用筷子垂掛晾乾，就像布丁表層的質地，演員喬治・科斯坦薩（George Costanza）甚至想單賣布丁皮。豆皮也不全然像布丁皮，老實說比較像從生雞肉上去掉的雞皮，但口感真的很棒，每一口都能嚐到新鮮豆漿的味道。加幾滴醬油食用風味更佳，摻一點薑或蔥也不錯。

「我愛上豆皮了！」伊莉絲頂著冰箱門，小心抓了一片豆皮邊這麼說著。

她老爸我也愛吃豆皮。

在西雅圖，我得自己買豆、磨豆、煮豆才能吃到幾張豆皮；在東京，我在Life超市就找的到，用貼膜封起來，一盒一張。吃起來味道不像自製的那麼香醇，但還是有些許的黃豆香，我都稱這味道像是森林草香和嬰兒香的混和，我和伊莉絲常常狼吞虎嚥吃上好幾張。

豆皮在技術層面上不算作豆腐，因為豆漿不會凝結成塊。日本的豆腐分成兩類（和內褲的分類像極了）：棉質（momen）和絲質（kinugoshi）。凍豆腐在美國比較常見，如果你買過一盒豆腐並且可以切成塊狀油炸，那就是凍豆腐。

嫩豆腐易碎、質地綿密，比凍豆腐更像乳製品，是我夏日消暑良伴。涼拌豆腐大多是淋上醬油，撒上薑末、白蘿蔔泥、柴魚片、蔥等配料的嫩豆腐。日本餐廳常見，在家也很容易上菜，我就常加上大把蔥末食用。

西方料理提供了多樣豐富的口味，但口感層次卻相當有限。如果你從小生長在西方社會，想想看你最愛吃的食物中，哪些富有外酥內軟的口感，這種食物層次源自於日本料理，像炸豬排、可樂餅這種食物隨處可見。亞洲人對食物層次有優越的鑑賞能力，反而是大部分的西方人寧願吃得黯淡。如同扶霞・鄧洛普（Fuchsia Dunlop）在她的書中《魚翅和花椒》中寫道：

「食物的層次是西方人鑑賞中式料理的唯一障礙，只要跨越這層障礙，你才是真正的內行人。但這是條瘋狂的旅行，你得和自己的主觀意識、童年陰影甚至佛洛伊德式的妄想症搏鬥。」

西方人對日本料理也有同樣的困境，我就曾走進中野的太陽廣場街市試吃一塊蕨餅（warabi mochi），你也許對mochi不陌生，它又稱作米太妃，是用糯米煮至黏稠狀的點心。蕨餅則是用蕨菜澱粉做的，比糯米更綿密更有彈性。假如你從窗邊跌入一盆蕨餅裡頭，放心不會有事的，儘管撒上甜甜的黃豆粉或抹茶粉食用吧。我吃過抹茶口味的蕨餅，非常可口，就算嚼上幾分鐘，還是一樣很好吃。在我們最愛的串燒店菜單上，一定會寫著嫩雞肉串，其實和美國沒有什麼兩樣，但也有Q彈雞肉串，各具特色，可想見Q彈雞肉串更美味，沒錯真的很Q彈，我吃得滿嘴都是吞不下去的雞肉，最後只好吐在廁所。

日本人喜歡濕黏的口感。某次雨天我們溜進一家蕎麥麵店躲雨，當我們走入店裡時，兩位服務生熱情招呼我們山藥泥蕎麥麵。親愛的《閣樓論壇》（Penthouse Forum），我從沒想過會發生這款代誌！

山藥（Nagaimo），拉丁文稱作Dioscorea opposita，外觀像是忘了剪鬚根的白蘿蔔，磨山藥時，會產生白色黏液（日文是tororojiru）。日本有一道相當受歡迎的料理，叫做鱈魚卵或河豚卵，其實「卵」是精子的日文委婉說法，被譽作植物王國之首的山藥黏液比卵類料理更像精囊（shirako）。坐在隔壁桌的兩位女性正在享用午餐，碗裡的冷蕎麥麵配上稠稠的山藥黏液，津津有味地品嘗著。我也看過其他搭配山藥、納豆和生雞蛋等黏稠的配料食用的麵料理。不過，日本人可不是在參加試膽大會或為了保健，他們只是喜歡吃這類食物。

這部分的嗜好我就暫且不多享用了。我喜歡吃烏龍麵沾醬油當早餐，上頭再打顆半熟蛋會更美味坦白說，在我遇到以下的罩門之前，我一直自詡為味蕾敏銳的饕客。

這件事發生在東京芝豆腐屋（Ukai Tofu-ya），位於東京鐵塔附近一家專賣豆腐的高級餐廳。首先，假想一下美國有間高級餐廳專賣豆腐，並且不准偷笑，好了嗎？就當你準備好了。造訪豆腐屋是典型的東京觀光路線，從地鐵站出來，穿越人山人海和幾條街，突然來到世外桃源般的祕境，四周都是特別打造的時尚氣氛，有種對鄰近城市視若無睹的孤傲感。Ukai是間很大的餐廳，用餐的地方看不到其他鄰桌的人，因此，在那裡的用餐時間完全屬於你。

如果東京甜甜圈店的服務比大多數國家的高級餐廳還要講究，那麼這個專賣豆腐的高級餐廳的服務絕對不在話下。我發現自己和服務生說話的聲調如同女人一樣輕柔，請給我一份生魚片、炸味增豆腐、小盤的精緻漬物，最後是一份冷盤豆腐。來豆腐屋不外乎是為了品嘗東京最新鮮、綿密的豆腐，而現在擺在我眼前的，就是一碗裝有兩塊北海道黃豆製成的豆腐海帶魚湯。

我又向服務生點了一些蔬菜，服務生推薦我「蓴菜」（Junsai），接著把豆腐裝在較小的碗中，舀一些魚湯淋上，再舀一點「蓴菜」到碗裡。都在這等餐廳了，我想沒有人會略過這道菜，即使「蓴菜」看起來像極了帶刺的樹枝。

值得慶幸的是，蓴菜吃起來沒有樹枝的味道，卻是我吃過最多黏液的食物，就連秋葵也會覺得蓴菜真的太黏稠了，就像維基百科中所述：

蓴菜有鮮綠色的葉子、小而紫色的花朵，在六月至九月間盛開，秋季利用根部存藏養分並準備越冬的催芽。葉子、莖部或嫩芽皆有厚實黏稠的液體。

如前所述，蓴菜相當容易辨認，每一片葉子和嫩芽都富含無止盡的鼻涕泡泡。如果看到的是活蓴菜，就連莖的口感也很有嚼勁。

暫時不管當下還有很大一盤蓴菜要解決，我先切開豆腐，也是我最期待、最想吃的部分，那綿密、清爽、唇齒留有黃豆香的美味。豆腐屋的豆腐是我吃過最好吃的豆腐，但後半段的回憶我真的想從記憶中抹除。吃蓴菜的過程，就像在一場唯美婚禮之後進行殺戮一般。我臉部扭曲地嘗試要分離每一條絲。「這是一間很棒的高級餐廳，人們來這裡享用最美味的食物。」我一邊切、一邊心裡這麼想著。「他們不是故意要和我開玩笑的，因為大家會花大錢來這裡為了享用一盤精緻可口的蓴菜。」再多心理建設最後還是起不了任何作用，因為在我眼前這一團就是鼻涕。有那麼幾分鐘我認為真的快撐不下去，就要奪門而出了。

蓴菜是季節限定的美食，如同有些人整年都期待大黃或番茄產季一樣，如果我住在日本，我想整個夏天都會期待蓴菜季趕快結束。

被黏稠的敵人重擊後，我靠回舒服的豆腐屋椅背休息片刻。現在終於可以享用甜點了，黏稠的葛根（kuzu）粉條佐糖漬杏桃。

如果大多數人對豆腐的評價是平淡無味、口感奇特、吃起來像內臟的話，我的午餐可以證明這些評價是假的。當我回想那些好吃的東京料理時，綿密的豆腐總是穩坐高分的評價，任何人一定都會愛上豆腐料理。

但蓴菜的話，我想很難。

# 美國女孩東京奇遇記。

或許只有當伊莉絲穿上她的小大人實驗袍，拿起溫度計測量小貓的溫度時，我才驚覺東京給予孩子多大的自由和自主空間。

好吧，畢竟那不是一隻真正的貓，但是那張小臉上的神情卻非常認真專注。我們要去的是東京Kidzania，一間世界各地都有的兒童主題樂園，專為孩子們設計的社會體驗活動中心，孩子們可以扮成獸醫、機師、消防員、披薩師傅、建築防護技士等多樣職業選擇體驗。

Kidzania面面俱到的職業體驗讓活動相當吸引人，而且寓意淺顯、氛圍愉悅，我說的當然不只測量小貓的溫度。伊莉絲想開車，所以她到DMV區（機動車輛管理局）排隊考駕照，駕訓班提供一小時的「實作」練習，也就是說，如果高速爬坡的話就可能會引起輕微的瘀青。當伊莉絲老實地參加駕訓班時，她親眼看到加油站服務員接受職業訓練，但內容並非熄火檢查或加油操作的指導，只是不斷練習收錢後哈腰招呼顧客。

伊莉絲終於拿到駕照後，領了自己的車並驅車前往加油站。加油站的加油栓並沒有鎖住，直接可以使用。Kidzania裡的孩子大多只有五到十歲，我和洛莉黏著伊莉絲不放，但大部分的家長都安心地把孩子託給園內、年紀約為大學生的服務員，他們對小孩子的耐心，是會讓小兒科醫生、迪士尼遊樂園員工甚至他們的父母都自嘆不如的程度。伊莉絲在園區同時任職產品檢驗人員（「我們以驗光儀檢驗香蕉的糖份！」）以及建築防護技士，後者的工作內容包括要攀爬到建築物的二樓修復窗戶，與懼高症共處幾十年的我願意花大錢略過這場試驗。

位於三鷹郊區的吉卜力博物館相較之下就輕鬆多了。吉卜力工作室為宮崎駿所創辦的動畫製作公司，也就是製作神隱少女、崖上的波妞以及最經典、為人所熟知龍貓的動畫大師。

吉卜力博物館是座夢幻歐風的建築，常在宮崎駿電影中見到。雖然二〇〇一年才開館，外觀卻顯得有些古老，部分原因大概是博物館不同於主題樂園，建築物的品質和構造不是實際的建築。館內不可攝影，孩童可以自由走動、自由展開發現之旅（感受到電影中的氛圍了嗎？）。伊莉絲花了很多時間爬上龍貓公車，還要撥開許多灰塵精靈娃娃。你如果看過龍貓這部動畫電影，就會知道這是必要的過程；但如果你沒看過，我實在不想和大多數人一樣開口質問你：「什麼？你沒看過……」

伊莉絲也深受龍貓幻影箱（Totoro zoetrope）所吸引。說到幻影箱，如其名是一種光學發明，但就算我用了六頁的篇幅解釋幻影箱這項發明，你可能還是無法理解。建議你去Youtube搜尋幻影箱，看了就會明瞭，你還會說「原來是這玩意兒啊！」

經過幾小時Kidzania和吉卜力的洗鍊，我感到有些疲倦，有部分原因是因為我的注意力太過短暫，洛莉卻可以在吉卜力博物館待上幾天，我也很確定伊莉絲可以獨自待在Kidzania，利用接下來的暑假拿到她真正的獸醫執照。不過，我應該回頭談一談這些主題樂園的魔力何在，不僅創造一個讓孩子們可以安全、家長可以安心的遊樂空間，在一個三千五百萬人口的城市，建立兩座各有特色的樂園可是舉世無雙的創舉。

東京的環境乾淨、燈火通明又具有極佳的都市機能，但境內的公園和遊樂廣場卻恰恰相反，滿地散落菸頭、垃圾，如八〇年代老舊的遊樂設施，長時間未妥善管理。我們住的公寓附近有個公園，就在走去自助洗衣店的那條路上，公園裡只有一組單槓、飲水器以及布滿垃圾的菸灰缸。有些人會在早上去公園做柔軟操，但也不是經常見到。

我認為東京的公園之所以髒亂又疏於管理，是因為根本沒有設立的必要。在美國，大人去公園是為了尋找一個稍微安靜的地方休息，小孩則是去玩耍；東京的話，大人都在神社或澡堂裡放鬆休息，那小孩都去哪玩？當然是去街上玩囉。

既然都可以輕鬆上街玩耍了，小孩才不會想去公園玩。公園在幾個街口之外，但是我們現在就想玩了！美國大部分地區都認為讓小孩去街上遊玩根本是自殺行為，我在八〇年代的俄勒岡州波特蘭市長大，住在安靜的住宅區，我和其他幾個兄弟會在街上玩，但讓我記憶猶新的片段卻是我爸和一個瘋狂司機在街上開車對撞的情景，那台車幾乎是衝著我們而來。因此，我們以前常說：「去車陣裡玩吧」意思就是「去死一死吧！」

中野附近有一條街是孩子們的天堂，大概可以說是個安全的地方，但確實也是如此。中野附近的住宅區巷道很窄，沒有人行道，車子可以進來，行人和腳踏車則需要退出巷道才有辦法讓車子經過，但車子都是慢速經過，就好像在表達歉意一般。

我們剛搬進現在的公寓時，伊莉絲就認識同住在這棟樓的Zen了，這個字對她來說就等同於男孩之意。Zen只有五歲，幾乎不會說英文，只會簡單的「Hello!」和「See you!」，伊莉絲的日文也非常有限。但語言並不會阻礙他們玩在一塊兒，見面才沒幾分鐘，他們就在Zen家裡的花園偷採番茄藤、玩擊劍、玩標籤、棒球、用想像的槍炮或其他玩具互相掃射、用水管互相灑水。任何時間，Zen都可能會在我們家樓下大叫「伊—莉—絲—將—」，或者猛按我們家電鈴呼叫他的同伴。

只要這男孩找她出去玩，伊莉絲都會飛奔前往，如果伊莉絲剛好沒興致，Zen會在樓下怒吼十分鐘以上才離開。我很慶幸身為人父的我極少介入這段情緣，因為這男孩覺得我的破日文很搞笑，每次我開口說話，他都會用滑稽的口吻重複一遍，也許他聽起來像是「伊莉絲和Zen玩得很開心吧？我們要去吃飯飯囉。」

Zen有一個好朋友叫孝太郎（Kōtarō），我從來沒聽他說過一句話，總是跟在Zen後面傻笑。雖然孝太郎身材魁武，大概有十八公斤重，卻是個沉默安靜的男孩。有一些住在對街的女孩偶爾也會來街道上玩，不過美國父母總得嚴格把關玩樂的時間，有時必須取消孩子們突如其來的玩樂邀請，而去東京市區多逛逛。東京郊區的生活總是讓人掀起美國老家的鄉愁，以及理查・史考利

（Richard Scarry）的書。有一天我們和Zen的母親一起走去幼稚園，一路上店家和路人都不斷地和我們打招呼。有一個人甚至從店門探出頭問男孩「Zen,bshi wa doko desu ka?」（Zen，你的帽子呢？）Zen媽媽便微笑示意，舉起手上的帽子。

和那裡許多鄰居一樣，Zen的父母相當熱衷於種植蔬菜，常拿自家種的小黃瓜給我們。日本超市賣的小黃瓜很棒，鮮採的小黃瓜更佳。有趣的是，當我們開門見到Zen一家人時的那戲劇化的表情，男孩一手拿一隻黃瓜，彷彿無言地說著「是我爸媽強迫我來做這個尷尬的任務的！」

洛莉為答謝Zen一家人的禮物，親手縫製了一條小黃瓜手巾，連外包裝都精心設計。她把禮物交給伊莉絲，說：「你可以把這份禮物交給Zen，並確認他有確實送給他的父母嗎？」伊莉絲對於要求Zen做任何事這個想法感到不以為意，但還是拿著禮物袋下樓去了。

十幾分鐘過後，我們下樓沿著撕破的禮物袋碎片找到Zen的脖子上綁著那條精緻的小黃瓜手巾，他正對著孝太郎咆嘯、並慫恿伊莉絲不要吃晚餐一起出去玩。

日本的孩子可以自由地做很多事情，不光只是在街上玩耍。火車上常見到小女孩穿著海軍藍色的學校制服一個人去學校，或從學校返家，傍晚則是往補習班或才藝班。這些孩子不到13歲，甚至很多都只是聰明伶俐的八歲孩子，獨自穿梭在世界上最擁擠的大眾運輸工具。

華盛頓郵報記者T.R. Reid在九〇年代舉家搬遷東京。落地不久，她的女兒便央求他同意她和同樣十歲的朋友單獨去迪士尼樂園。當然，Reid這麼說，畢竟這麼突然的請求，誰好意思要朋友的媽媽也陪同出遊呢？「你說什麼？」困惑的媽媽表示一頭霧水。最後他答應兩個小女生自己去遊樂園玩，後來他女兒也常常提出這樣的要求，孩子們玩的會比父母在場還要盡興。

日本父母不擔心犯罪或車禍問題，他們其實也不太需要擔心，這座世界前幾大的城市同時也相當安全。我算是不太擔心犯罪問題的美國人，但到東京還是花了點時間轉換心境，擔心自己在東京會成為受害者，擔心開著燈也會被車撞，但都同樣只是浪費心力，漸漸你會明白受害者心理迫使我們成為憂慮過多的人。不帶電腦去喝一杯咖啡，帶很多現金上街，接我們的八歲女兒去拔一些韭菜，這樣不是很好嗎？（奇怪的是，雖然日本很多腳踏車賊，還是沒有人用大鎖。）

日本人明白讓孩子獨自出門是日本父母的「特權」，甚至做了一個相關主題的節目。在《First Errands》這個節目中出走的小孩年紀都很小，在攝影團隊的陪同下進行難以置信的任務。一個兩歲的小女孩要去超市買牛奶和餃子沾醬（gyōza sauce），但袋子對她來說太重了，只好拖著背包走在街上，裡面的牛奶灑了一地（每一集節目都有個特輯是每個父母看到都會心疼到哭出來的畫面）。最後，小女孩一邊抽泣、一邊走回店面，收銀台的店員幫她把牛奶瓶扶正，並帶她回家。

看了這個節目以後，我和洛莉開始讓伊莉絲帶著自己的零錢包去超市買東西。我們答應她可以從販賣機買水，也可以買一樣自己想吃的東西。我從來沒看過伊莉絲如此滿足的表情，她帶一盒水果回來說：「我還沒忘記找回兩日圓的零錢。」這袋水果盒裡有蘋果、柚子、橘子、奇異果還有一些假葉子。我從不曾買水果盒，但重點是，既然我這老爸當時不在一旁叨念「我們可以自己選水果吃，為什麼要買人家幫我們搭配好的呢？」當然就要買一盒。

我們常請伊莉絲去超市幫忙買東西，通常都是蔬菜，她也會趁機買一些嗨啾或巧克力糖（CHOCO BABY）。累積多次經驗後，她便開始說服我們她可以去我們最愛的甜點店買東西了，「我知道怎麼去啦」，伊莉絲信誓旦旦地說，「就是先搭中央線快速列車到新宿站，換到山手線，在目白站下車，沿著目白通走……」我確定她是對的，但我們還是太典型保守的美國父母了，不敢讓她獨自前往。多住幾個月的話，我想我們會心軟答應她的請求吧。

# 尖峰時刻。

「這還不是尖峰時刻呢！」伊莉絲不滿地說，我們正在人潮擁擠的東京中央快速線，這台橘色條紋的列車會在中野站的第七和第八月台間停下來，每三到四分鐘有一班車，每日全天候行駛，但如果能停在9又3/4月台會更完美。

東京是佈滿鐵路路線的城市，不免俗的，會讓人像個瘋迷火車變形金剛的小孩一樣。東京的鐵路系統非常龐大，其中有超過一百條路線、九百個停靠站，通行證是一張數位小卡（PASMO或Suica）即可搭乘。運輸系統中心站是山手線，在環線正上方，你可以看到這台顯眼的綠色條紋列車，像台真實版大小的玩具列車。山手線走完一趟全線大概需要一小時的時間，大部分東京的主站都在這條線上，像是知名的新宿、澀谷、原宿、東京、上野等站。

山手線每天乘載的乘客比整個倫敦地下鐵還要多，這也是我和伊莉絲的尖峰時刻初體驗。戴著白色手套的站務員雖然仍在東京站堅守崗位，但卻不再推旅客上車了，因為乘客已經習得自我壓縮的藝術（沒有比self-cramming更貼切的字眼了）。候車的乘客井然有序地排列上車，在月台上的標記線指出車門停靠的位置，乘客便排在門前等候，一方面不擋住下車的動線，也能以最少的碰撞上車。

有一次我在西雅圖搭火車，車上已經沒有座位了，大多數的人都是站位。車掌不斷引導乘客往後面的車廂移動，這樣才能搭載更多乘客。「已經不能再後退了！」後面的乘客會大聲喊道。不過在東京，沒有人會在公眾場合大聲抱怨，但不管哪一班車、車內再擁擠，總是有空間可以再多搭幾個人。第一次看到這情景時，我和伊莉絲發現自己身在充滿正面人性的空間中，她的臉龐從最初和緩的樣子到驚喜萬分，甚至在車上雀躍起舞了一會兒。尖峰時間，手只能高舉、如同投降手勢，但以價值兩美元的車票來說，這已經很不錯了。

在濕黏又緊縮的空間裡，那些有座位的人似乎開始以打瞌睡來慶祝自己的幸運。環顧四周，在車內打瞌睡是很稀鬆平常的事，如同在敞篷車內的流浪漢，只不過這群是衣裝體面的乘客，不拘年齡、性別和時間的瞌睡專家，睡意就這樣攻佔他們了。但要怎麼不睡過站？這一點我從來都想不通。這種群體嗜睡症像是閉上眼睛的動漫玩偶，可愛卻又讓人不寒而慄。東京地鐵的「睡客」完全體現了日本人過勞近乎死的現象，不過幾分鐘後我自己也睡著了。

中央快速線是環狀山手線的横向列車，如倫敦地下鐵一般，是很理想的轉運結構。這條線因此相對的很擁擠，在某幾站、幾個時段特別是如此，不過仍然是很好的搭乘經驗。中野離市中心很遠，遠得我們甚至會有座位。我很喜歡站內標示可讀的文字、到站提醒的英語服務，尤其是廣告內容。車內生動的彩色廣告版讓市容不再如此無聊，有保險、推廣教育、手機廣告等，但也會播放電視節目像是BIGINAAZU（BEGINNERS）或浪漫日劇Breathless Summer（無法呼吸的夏天）。還有一位打扮成中年婦女的演員，在一系列紅豆口味冰棒的廣告中，強力主打食物的健康取向（我想是幫助消化的意思）。

在東京搭車並非總是那麼容易。像一些新的地下鐵路線，如大江戶線工程挖得很深，抵達月台的手扶梯長得令人感到不安，每一次我們搭乘這幾條線時，都讓我想起那群受困的智利礦工。

相較之下，搭乘新幹線就很舒適了。每一班開往東京的新幹線都是從東京站發車，車站很明顯的是文藝復興風格建築，車站大門則歷經過第二次世界大戰的風霜。車站內，穿著制服的服務員推著金屬推車，上面放著幾盒不明來歷的物體，並往走廊的方向前進，上頭載的並不是行李，洛莉最後才想到他們正在分送便當給各列車販賣。

鐵路便當是一種和火車一樣古老的日本傳統食物，在東京搭乘地鐵或其他通勤工具時用餐是很不方便的行為，但在「子彈列車」上卻是相當享受的事。便當的品質也有分等級，在月台前販賣部的便當通常比較便宜且品質較差，雖然在日本用「品質差」這種字眼是不公平的。我也喜歡買便宜的鐵路便當，通常只有白飯（上面會放一顆梅子，據說是為了防腐，也象徵著日本國旗）、漬物、一些煮過的蔬菜或沙拉，主餐則是冷的炸雞、豬排、薑汁豬肉或魚乾。

如果往遠一點的地方走，便當口味的選擇也會變多、變貴也變得更精緻。如果覺得到有點熱，可以往車站外走，到旁邊的百貨公司逛一逛，地庫超市的便當絕對是無懈可擊，價位則是三十美元起跳。

在東京站販賣的鐵路食物中，我最喜歡的是可以自己搭配菜色的便當，這一趟旅行我就選擇了這個便當。我買了一盒燒肉飯，和中式白蒸肉有點像，不過用的是醃過的豬肉而不是焦焦的烤肉，還有一小碟蔬菜，日本南瓜、胡蘿蔔、芋頭、竹筍、蓮藕、牛蒡等，炒得色香味俱全。伊莉絲買了一個豬排便當，洛莉則吃炸雞配馬鈴薯沙拉，她形容這樣的搭配有點像日式歐美料理。

其他受歡迎的鐵路美食還有炸豬排三明治，三明治內夾著冷的炸豬排淋上豬排醬，配上鬆軟的白麵包。我在美國不曾買過冷三明治，但有時就會想吃這個。

乘坐每小時三百公里的交通工具時，我的胃從不曾意識到要吃中餐。大多數的人都會發現新幹線（Shinkansen）的軌道，在完全封閉的環境下運轉，完全感受不到速度的存在。雖然我的中耳一直不太平衡，但我發現新幹線行駛的速度像加農砲發射一樣快速。這不是客訴，但拜託！我搭的是子彈列車，至少要讓我有一點點想吐的感覺。

搭車的這一個小時中，我們看到富士山一景閃過，夏季的富士山沒有白雪覆蓋，雲輕薄的環繞在山邊，不一會兒就消失了。這趟旅行中，我們就這麼匆匆和富士山擦過身，這也是預料中的事，我想住東京的人更有資格抱怨看不到富士山，就如同住西雅圖的人也對見到陽光有同樣感受。

搭乘新幹線最美好的回憶其實和美食無關，也不需要真正坐上車，只要佇立在一個小車站旁，看見一台台快速列車急速穿越，進出站的時間大約只有五秒鐘，火車發出震耳欲聾的轟隆聲，就像在觀看一個人正舉起房子、或是聽到笑話而群起發出尖銳的笑聲一般，最後只留下一團空氣。

高中時，我和朋友們有時會因為無聊而開車去機場看飛機，如果那是新幹線的月台，我想我們永遠也回不了家吧。

# 美味串燒。

「大戰後，地下組織很快地從新宿站的西面、南面還有東面大規模擴張。西口還沒完全平息，在一、兩個軍營聚集處，有條眾所皆知的新宿區居酒屋小解巷（Piss Alley, Shomben Yokoch ），其實民眾都稱作烤雞肉小巷，因為這是配啤酒的小菜，是很常點的菜色，不過也沒有特別規定怎麼稱呼。」《東京都：從江戶時代至昭和時代》，愛德華・賽登斯蒂克（Edward Seidensticker）

我們與雞肉串燒的相遇也就此開始，就在小解巷（Piss Alley）內。

實際上，是從我們中野的公寓開始的。有次睡前，我向洛莉和伊莉絲說晚安後，就趕去東京市區了。接近晚上九點，每四分鐘都還有快速列車班次往新宿區。我下了車，出了車站之後，就看到如同舊時養雞場的棚子，現在大多稱為懷舊居酒屋街，大家還是習慣稱它為小解巷，我在那打賭獲得了一瓶大罐札幌啤酒。

飲酒小巷說起來是兩條垂直的巷道，有遊客或上班族來回穿梭在其中，烤肉的煙味也被人潮沖散了。我走了進去，急忙找個位子坐下。「你會講日文嗎？」廚師對著我說，「我不會說英文喔！」

「是喔！」我用英文答道，不過我也沒真的這麼說，我好像是用日文說「沒關係啦！」，發音是「dye-jobe-dess」，我想是日文中僅次於「sumimasen」（抱歉）的重要短句了。我說這句話時很有自信，雖然我的日文只有兩歲娃的程度。角落坐著兩個白人，我在想是不是可以乾脆坐過去攀談。

我會到小解巷吃雞肉串、喝啤酒，但也真的在巷口裡尿尿。不過我真的只做這麼一次，有兩個原因，其一，因為我當下正開玩笑要在巷口撒尿，其二，因為我碰巧坐在豬肉餐廳裡，我點了一瓶啤酒和烤豬肉串加蔥，一串烤櫛瓜。「你們是從那裡來日本玩的啊？」

「比利時。」其中一位回我。

「保加利亞。」另一位說。

幸好我沒有接著說：「這是兩個完全不同的地方吧？」或「你們一定很愛保加利亞的優格。」我會想這麼問是因為這兩個人的身材是我的兩倍。他們在一家日本公司工作，但不是很想明說確切的職務內容，因為那是工作，不是吃豬肉串和啤酒時要聊的。他們問我在日本待多久了，我告訴他們一週，他們開始大笑，他們已經在這個國家超過兩年的時間，卻似乎沒這麼快樂。

食物真的很好吃，啤酒則是冷的，我吃完桌前的菜，讚嘆廚師的手藝，用一點點的鹽、胡椒還有炭火就可以把食物烹調得如此美味。也許豬肉料理並不難，但櫛瓜烤的不僅焦味適中、多汁且讓人愛不釋手。我在巷口間逛了幾圈，在外面的大樓和新宿百貨間走動，想到威廉・吉卜森（William Gibson）的一句話：

「夜晚的新宿是世界上最狂野美麗的城市之一，不過，這些美麗的地方都有些蠢事，這樣的衝突卻締造最純粹的喜悅。」

烤雞肉串也是種純粹的喜悅。我們第一次來日本時，伊莉絲和我在一間居酒屋吃晚餐，這是間全國都有分店的居酒屋，位在上野的隅田川旁。餐廳的菜單附有圖片，服務真是貼心，因為當時我們兩個人完全看不懂日文。雖然如此，我們點的菜還是很少，畢竟一間居酒屋不是吃壽司的地方，至於飲品，我以為我點的是小瓶清酒，最後卻點了一小瓶清酒外加一大罐啤酒。伊莉絲覺得這件事很可笑，卻在三年後的今天也這樣做。

回憶起來，我不太確定為什麼當時認為點啤酒不好，但那種地方的確煙霧瀰漫、接受度也不是這麼高。伊莉絲當時因為店裡沒有豬排而略有不悅，甚至出去走了走，回來還是跟我說只想吃豬排。

「我覺得看起來很好吃呀」我跟她說，這是一種雞肉串在竹籤上的料理。當我點這道菜時，服務生問我們要鹽烤（shio）還是沾醬（tare）。這點日文我還聽得懂，shio就是鹽，tare就是一種用少許醬油、味醂調和的濃厚甜醬汁。這是串燒店常見的選擇，沾醬是比較安全的選擇，因為帶甜味的醬油淋在任何食物上都好吃，鹽烤則是用來考驗廚師手藝的選擇。

當天我們選的是沾醬，很快地服務生送上兩串烤雞肉串，雞肉丁烤的油亮、精緻。我們吃了一口後相識而笑，這是我們吃過最好吃的雞肉，但完全不知道是用雞的哪個部位烹調的。

我們後來才知道這是烤雞屁股（bonjiri/bonchiri）。英文說法是雞尾椎，或者說是教宗的鼻子（Pope's nose），是雞肉中最肥潤多汁的部分，也是西式料理通常會去除的部分，吃完後我們又再點了兩串。

從雞喙到尾巴都可以做烤雞肉串的食材，好吧，當然不是連雞喙都可以吃，但居酒屋的選擇有雞腿肉、雞胸肉、雞翅、雞心、雞肝，還有雞軟骨。最考驗烤台廚師的料理就是雞皮，不但串起雞皮的間距要準確拿捏，還要烤得要多汁、酥脆又不燒焦，當然也不能沒熟，才是真功夫。

洛莉說，「我真希望我們可以去一間有英語菜單的地方吃飯，我才知道我吃了什麼。」

「不確定。」我這樣回答，但我明白這等於是所有點菜責任都落在我身上了。「然後她要點……」這行為就像是倒退五十年的性別歧視一樣，但重點是誰知道我會不會點到像是烤雞皮這樣奇怪的食物？

洛莉終於如她所願地在中野一帶吃到烤雞肉串了，最後也成為我們家最喜歡的餐廳，這是間名叫秋吉（Akiyoshi）的連鎖店，但我稱它為烤雞肉串之殿，洛莉和伊莉絲則是因為英文菜單上將襖雞肉串錯譯為Yakitorino。我後來也選擇這麼記，因為很有趣。菜單是兩面的，也就是說，一面是日文、另一面則對照英文。

我們坐在Yakitorino的U型吧台前吃晚餐，廚師當完成餐點後，服務生便將餐點放在熱的金屬碟上分送給客人，真是極具巧思。食物在做好的那一刻便直接上桌，因為客人們相隔都不遠（這個距離很容易看到其他人點了什麼餐，也很容易可以偷過來直接享用）。當你把竹串上的料理吃完時，可以丟進桌旁黑色的塑膠垃圾桶，也可藉此數一數自己吃了多少。

不過，洛莉只是大概完成想要看英文菜單的心願而已，因為只要伊莉絲把手放在菜單上，她就會接著念「Negima onegai shimasu」她說完，然後把手指放在下唇上，這是我點菜時會做的動作。Negima是串燒店最夯的餐點，大塊雞腿肉穿插蔥片的好吃串燒料理。

炭烤雞腿肉上的蔥片成了最好的美食搭檔，也是每一口的分界點，再用牙齒輕輕往前推移。美國也有細蔥代替蔥的料理，不過不太一樣。整體來說，我很喜歡細蔥，但是他們用細蔥來代替實在不妥，細蔥比較小，而且味道像洋蔥。美國人吃得太隨意了，我想只有蔥能取代蔥，我就像一個思鄉的傻子一樣。

我和洛莉點了氣泡酒，氣泡酒是便宜的類伏特加加上汽水飲品，通常會加上檸檬片或其他水果調味。這是用高杯盛裝的冷飲，不是很烈，非常適合夏天飲用。對飲品很講究的人不會將氣泡酒視為酒類，不過每一種飲料都自有特色，在夏天的夜晚喝一杯冷的、沒什麼酒味的飲料也沒什麼好挑剔的，尤其是搭配鹹食。

從伊莉絲的角度來看，我們吃了很多串燒。其實每間串燒店都供應各式各樣的雞肉串燒和烤蔬菜串，Yakitorino的菜單也很平凡，但每一種餐點都很好吃，烤牛肉丁配麵包、烤蓮藕、味噌豬柳、烤彩椒。但伊莉絲和洛莉最愛的一道餐點菜不是肉串也不是蔬菜串，竟然不是串燒料理。「如果真的要點的話，我們只想吃日式烤飯糰。」伊莉絲最近這麼告訴我。

日式烤飯糰是一道味道較淡的三角飯糰（沒有餡料、也沒有海苔），在炭火上烤後，用沾醬刷抹上醬油或味噌，當塗在外層的醬料烤至焦糖色時，米粒也變甜、變脆了，香味飄出就像爆米花一般。飯糰裡面是熱的，外面的醬汁則只有薄薄一層，這是場味覺的衝擊，結合了兩種原味食材的質感。

我和伊莉絲盤算著，如果未來真的要開一間日本料理店，那麼非串燒店莫屬。伊莉絲將店名取為「叮咚串燒店」。「你負責內場、我負責外場服務」，伊莉絲炯炯有神地吩咐著。但其實這樣的分工一點都不明智，因為她比我還要熟如何製作串燒料理，不過料理的祕訣其實深藏在主廚那條擦汗的手巾裡吧！畢竟誰要傳授呀？

# 舒活城市。

「在東京，沒有什麼是過時的，但街道規劃卻很老舊，這讓東京比名古屋更溫暖宜人，也成了不那麼大的城市。」《東京都：從江戶時代至昭和時代》，愛德華・賽登斯蒂克（Edward Seidensticker）

幾年前在西雅圖的路上，滿街都有人行道。我們花很多時間在提倡修建人行道，但卻都沒有成效。其實呢，在東京的中野沒有、也不需要人行道建設。如果你看過東京街道圖，像是澀谷擁擠的十字路口、類時代廣場的區域（新宿、秋葉原）等地方，很容易就會對東京有高密度的刻板印象，好像唯一有機會喘口氣的地方只有寺廟和神社，這並非是真實的景況，即使是市中心的幾個區域，只要朝著交通動脈外走遠，城市的喧囂和嘈雜聲也漸漸遠離了。

東京的街道組織很奇異，之前對此略有聽聞，據說這是江戶時代為了混淆外來侵略者的策略，我想這是合理的推測。每一個城區又再細分成里鄰，每一里又切割成丁目（cho-meh），每一丁目的街道很繁雜，每一個街道上的建築也很密集。其實這些建築也沒有必要排列整齊，因此，1號的建築就可能在17號和24號間。也就是說，東京的建築地址就像謎一般難解，除了郵局以外，沒有人會真的按著地址在街上尋找，大部份的人還是會選擇用地標或撥打手機號碼。

我說這些不是要恐嚇你不要來東京玩，實際上街道一點也不難找，東京沒有使用美國的街道規劃模式，是因為除了市中心以外的街道沒有名字。像我們住的公寓就不是在櫻花巷或是什麼可愛好記的路名，如同大部分的公寓一樣在沒有路名的街道上。

當你從有路名的路走到沒有路名的路時，市容也隨之改變。有路名的道路通常比較寬敞，車流量也多，有較寬的人行道以及眾多的廣告看板，佔幅多達幾層樓。這很常見，而且食物看起來都很可口，像是高聳的窄樓掛著一條很大的廣告，上面寫著這棟樓裡的各種餐廳（串燒店二樓、壽司三樓、韓國烤肉四、五樓等）。沒有路名的街道則通常較窄，寬度大概只容得下一台車，行人或腳踏車勉強擠得進去。但這是屬於每個人的街道，有父母騎一台腳踏車，前後各載一個小孩；穿著白襯衫、黑色休閒褲的業務（夏天的清涼裝扮）拿著輕便公事包；穿著制服的學生們；看起來精神奕奕的長輩們；以及有時候經過速度減慢汽車或卡車。每次我看到披薩店的外送車我都會不禁一笑，因為外送車是台小摩托車上外加一個裝載披薩的箱子（我笑是因為既然都住在東京了，何苦吃達美樂呢？）

無論離住宅區的距離有多遠，街道旁的販賣機總是很神準地會出現在你眼前。之前你或許聽過日本販賣機要什麼有什麼的神奇傳說，有賴它的多樣性打造了販賣機的巔峰時期，那時你可以買到清酒、書籍甚至齒輪零件，這情景卻已不復在。如今的販賣機只賣飲料，而且在夏天，販賣機有絕對的重要性。

而且販賣機的創新未死，有些機器會用臉部辨識功能，依你購買時的狀態來推薦飲品（據說大部分是以性別和時間來推測）。我和伊莉絲喜歡在中野月台前的販賣機前佇足，精心挑選著冰沙如草莓可樂、抹茶或彈珠汽水（Ramune，是一種特殊造型的瓶裝汽水，在瓶子頸部的地方有彈珠，有很多種顏色、口味可選擇，如橘、紅、藍等，但喝起來都大同小異）。

磨碎冰、製作冰沙的時間大概需要80秒，也就是說我們可能會錯過列車，幸好下一班車三分鐘後就來了。我們也很喜歡用觸控螢幕虛擬點餐，有點像大型的iPad，點選後就會有真實大小的冰沙現身了。

不過大部分都像我們公寓旁那台典型的販賣機，大概一點五美元就可以買到冰綠茶或奶茶，多種甜度選擇的冰咖啡如Boss和Mt. Rainier（這是西雅圖的一座山），運動飲料如Speed Athlete和寶礦力水得，我們最喜歡的則是礦泉水。冰茶當然是很好喝啦，但有一次我想試試熱茶，結果從販賣機出來的是一瓶溫的保特瓶裝綠茶，喝起來很糟，即便是用宇治市最好的茶葉沖泡，從溫的寶特瓶喝起來，就還是有種喝尿的感覺。

有時我們會看到機器維護人員在整理機器，但大部分的販賣機都是隨時可以使用的。到底是誰在補飲料？誰又是老闆？生活真是充滿無數的謎。

不過，並非所有沒有路名的街道都在住宅區裡，有個週日我們搭東武東上線列車往琦玉找朋友，每一個停靠站都有商店街的標語，好像在呼喚我們拋開原定計畫去逛逛一樣。

商店街顧名思義就是人行道上的購物街，車輛幾乎是不能進入的。走經三個街角來到典型的商店街，街上有餐廳、便利商店、唱片行、柏青哥、二手書店、小攤販、衣服店、各種常見的混合商場。我們有次在吉祥寺附近逛到一間只賣高級鈕釦的店家，店內的裝潢非常別緻，甚至連我都很喜歡。在那間店待的時間大概是我一生中所有光顧鈕釦店的時間了。在高原寺北邊的商店街，我們還撞見一群喝醉的喜劇演員在搶照片。

幾年前，我讀到一句話，現在想不起來出處了。作者描述巨大規模的城市「如同一隻巨大的手將你捧在掌內」。這是一種安全感，如同置身在建築理論家克里斯多夫・亞歷山大（Christopher Alexander）所說的「戶外房」。東京就是個令人陶醉的地方，我想這就是賽登斯蒂克所說東京的街道規劃讓整個城市很溫暖、舒適。

以自由之丘為例，只有「可愛」兩個字可以形容他，或者也可以用日本女高中生最常用的詞彙「kawaii!」。走出車站，外頭像是一個高消費生活的小鎮，有著法式烘焙坊、世界各地的美食。行人走在街道上自然地往旁邊移動，讓出一條路給小型通勤電車經過，隨後人潮再穿越路口，鐵道的另一邊是個小公園，有點像布魯克林或我的老家波特蘭，這是走往郊區的路。

東京的道路規劃出奇的有彈性，東京在二十世紀被摧毀兩次，但老街道的地圖仍完好可辨。來東京的旅客根本不會注意到街道的規劃，除非在迷路的時候咒罵幾聲。不過二次大戰後，東京曾以現代模式重建道路，系統趨向方格組織，街道也變寬敞，但我不會這麼寫，因為我所鍾愛的那類東京不存在。在東京某些地區，像是鐵塔附近一帶和人工島東京灣（如豐洲和台場），和完善的都市型態相較下，會有一些不良的比例規劃，我很難欣賞它的美（老實說，我覺得很醜）。

但這是少數，東京還是有許多大都市的壞處，讓人攤手無奈又厭惡。有天傍晚我們在住處中野附近散步，洛莉注意到一個很奇特的現象，我們一家三口剛才經過成人遊戲區域，但卻像可以闔家觀賞一般。「女僕咖啡店」像是黑貓（Kuroneco，店名用英文拼音寫上，看起來較時尚），店員在外面招攬客人去和一個穿著法式女僕裝的店員消磨一個下午，其實比你聽起來單純——沒有性交，只有調情。其他咖啡店還會有一些活動節目，或者有更多服務，但內部營運方式絕對比你想的要謹慎。在日本社會中，對於公然醉倒或其他醜行會自然產生一種障蔽，因此無論在店內有多麼淫亂，街上也是一如往常的平靜。這種社會現象引發許多層面的思考，像是女權、性開放、壓抑或異國崇拜情結等，如同洋蔥一般，但我的專業知識不足，無法抽絲剝繭探討，但重點是能迎合各種慾望，且和諧的生存在這裡。

（好吧，我當然想過要造訪女僕咖啡館，但是退怯了，因為我擔心語言的隔閡會讓溝通顯得很尷尬。現在回想起來，我應該穿上管家服，至少可以體驗一下角色扮演的樂趣。）

艾倫・狄波頓（Alain de Botton）是一位有著法文名字的作家，用英語寫了一本探討現代生活不能使人如預期地得到快樂的書。他的著作豐富，關於旅遊、工作、宗教信仰等類皆有涉略，幾年前他還寫了一本《幸福建築》（The Architecture of Happiness）。書中有一句令人印象深刻的理論，就算不懈努力並不計代價地讓物質世界可以和聖馬可廣場一樣模組化；就算我們可以將餘生虛度在圓廳別墅（Villa Rotonda）或玻璃屋（the Glass House）中，我們還是會時常感到憂鬱。

當你在看一張巴黎風景照時，會希望自己已身處巴黎了，而現實生活中，你坐在咖啡廳，吃著可頌配咖啡歐蕾。當你再次造訪巴黎時，騎在單車上，菜籃載著一根法國長棍麵包，沿著香榭麗榭大道前進，在噴水池前的擁吻，買各種顏色的馬卡龍……無論你喜不喜歡，你已經是《悲慘世界》裡的尚萬強（Jean Valjean）或Jean-Claude Malkovich等級的大明星了。

雖然東京是一個買馬卡龍的好地方，但亞洲城市的照片不會引起與巴黎同樣程度的想望，因為這些城市不捨棄馬脊屋頂（雙重斜坡的屋頂）和裝飾用的陪葬兵馬俑做照片的背景。大部分關於日本的攝影書籍或兒童繪本都少不了富士山、日式花園，或是任何一個不會被電線桿毀損攝影質感的地方。

東京最引以為傲的優勢是如同吸血鬼一樣，不會出現在照片中的。為了推翻狄波頓的理論，我們可以在這些醜陋的建築中過得幸福美滿。

東京傳統建築之美，數量不多，看起來老舊的通常都不屬之。當我們下飛機，要經過上野往銀座站出發時，就被淺草寺的雷門吸引住了。雷門，高聳的木牌坊前掛著一只紅燈籠，如同看守上千年的守衛，這樣說其實也不為過，雷門是在西元九四一年建造的，二〇一三年看到的雷門已是一九六〇年重建的模樣（紅燈籠則是二〇〇三年掛上去的）。但是東京大部分的寺廟大門是不會重建的，如此具體延續了現代主義，但其實也無所謂。東京是世界上最好「走」的城市。「在東京的街道散步，我們會感受到身而為人的存在，卻身置不知何方。」唐納德 里奇在《橫向剖析》（A Lateral View）中寫道。「在東京漫步如同穿上一件極其合身的大衣一樣。」這座城市似乎可以用雙腳、單車或是火車探索，因此每個街角都看得到各式各樣的小吃攤。「東京稱不上是漂亮的城市，卻是充滿美麗事物的城市。」

對我們來說，整座城市讓我們不斷注意到的精緻小物是tenugui，也稱作手拭巾，是一種多功能的布，可以當成頭巾，在炙熱的夏天擦汗，更常用來當擦手巾，因為公共廁所很少見烘手機。手拭巾的悠久歷史和手巾差不多，洛莉去看了一場浮世繪版畫展，所有畫作的主題都是貓，也有很多拿著手拭巾的姿勢。

同時，我也在讀萬次郎（Manjirō）的書，他是第一個去美國旅行的日本人。萬次郎在江戶時代遇到了船難，被一位美國的捕鯨船船長救了起來，這位救命恩人也收養了萬次郎當兒子。明治維新時期，萬次郎回到日本成了武士。這個故事的重點在於儘管萬次郎的人生遭逢多變，但始終沒有遺失他的手拭巾。這麼做是對的，因為十九世紀的公共廁所不會有烘手機。

到處都買的到手拭巾，設計則是一條比一條更精美，很多款式既漂亮又有趣，我就看過一條印有夏日不敗的經典圖案——蚊香。我曾在一間百貨公司看到Izod的手拭巾，上面的色彩豐富，每一條都繡了一隻鱷魚。我不太清楚洛莉到底買了幾條手拭巾回家，不過在我們回美國後，她當成禮物分送給親朋好友，好像取之不盡、用之不竭。

也許你不喜歡手拭巾，不過沒關係，不管你喜歡什麼，日本美麗的事物還有很多，廟宇、流行衣物、完美包裝品、花園、住宅區街角的小花圃、漢字書法的技巧、片假名的筆畫，我還沒舉美食當作例子呢！重點是我們都想要生活處處都有美麗新事物，但這不表示我們只得從建築外觀欣賞。

不過，還是有很難解釋東京的單調乏味，例如這裡瘋迷巴黎（最近則是西雅圖）。無論去哪都看得到全日空航空公司直飛西雅圖的廣告，其中一張廣告還是在我家旁邊的書店。

每一位去西雅圖旅行的東京人，都會發現西雅圖的風景比自己家鄉的美麗。但是久了，他們也會發現這並無傷大雅。

西雅圖不算是一個雨傘城市，你只會在傘下發現遊客，而且多不可數，儘管在西雅圖大家都不喜歡站在傘下。如果旅客說西雅圖常常下雨，我告訴你，老天，我們可以用Gore-Tex和不屑一顧的態度反擊（其實你可能聽得很膩了，但是西雅圖真的沒有那麼常下雨）。

相較之下，東京在第一滴雨落下時，人們就撐起傘了。最受歡迎的雨傘是用亮面的塑膠做的，超商售價是五百日圓。我們共買了七支傘，三支是我們第一天去Family Mart時買的，有兩支放在公寓，一支是伊莉絲和我在池袋忘了帶傘臨時買的，另一支是兒童傘，傘面是圓點點。

「其實有九支傘」伊莉絲打斷我補充道，「兩支在箱根買的。」喔，她說的對，我們在箱根的山區渡假村度過一個雨天，最後留在東京。後來傘的數量則越來越多。

其實我花了幾周學習怎麼使用雨傘，而且纏著洛莉問些愚蠢的問題，而且不斷戳到旁邊的人。幸好我們是在東京不是紐約，東京的每一個人說：「喂！小心點！混蛋！」都太客氣了。雖然我學得很慢，但終究還是在走到中野太陽購物中心前學會怎麼用傘了，而且還會熟練地修理傘末尖端那些會戳人的地方。

此外，幾乎每一棟東京的建築入口處都會設有傘架或傘套。有一個下著傾盆大雨的早晨，我走路到中野的星巴克，拿著不斷滴水的傘用日文問店員要怎麼處理。店員從入口幫我拿了一個塑膠傘套，接著我笨拙地把傘裝了進去。我從來都不知道怎麼用傘套，簡直像個浪費資源的雨傘避孕套一樣，而且一樣用完就得丟了。還有傘底突出的地方，很像是馬芬蛋糕的表面。

東京的雨傘文化在澀谷的十字路口就像遍地開滿了花，這裡可能是世界上最擁擠的人行道，儘管很難證實（洛莉去了號稱是日本最大的澡堂，大概有維納斯城堡的那麼高，一棟以義大利威尼斯、高第建築風格、噴水池為裝飾的空間，天花板則是臨摹夜空一景。有點像美國路邊的裝置藝術，日本對於這種奢華的設計深感自豪。）

無論如何，澀谷的十字路口確實看起來很庸碌，這是個多向十字路口，你可能在一些照片或電影《愛情不用翻譯》（Lost in Translation）中看過這個景色。每三分鐘燈號會換一次，就可以看到上千行人從四面八方湧進十字路口、穿越馬路，人與人之間的擦撞卻不明顯，即使是撐傘的雨天也一樣。車子容易卡住，行人像是水流一樣從車子旁邊毫無阻攔的流過。其中最多的是超商賣的傘，大概百分之十是純色傘、條紋傘或圓點，或是兩種顏色穿插。緩慢移動的傘就像是黑白電影中的手繪，在澀谷車站的二樓，或是在對街的星巴克，都可以俯瞰這支平靜的芭蕾表演。

在日本有很長一段時間，傘和生活緊密相連，因為一支時尚的傘就代表了時尚本身，摺疊傘的設計至少可以追溯到第一世紀的中國，你可以從傘的漢字讀出歷史，這大概是最圖像式的字了。

和紐約一樣，東京只有夏天才是熱帶氣候。我去過泰國，那是真正的熱帶國家，有許多陽光汗水組成的生物，像是植物或象群，還有很多新奇的事物，甚至連城市本身都是如此。

東京的天氣無法產生如此旺盛的生命力，但是養貓真的很麻煩，雖然很可愛啦。洛莉和伊莉絲則是被蚊子咬的心煩意亂，讓我一度覺得自己的血不是那麼美味。（我肯定，真正的謀殺案會始於這句話：「真的喔，我是沒有被咬到啦。」）另外，和所有大城市一樣，東京很多蟑螂。

有一天早上，一隻「壯漢」（可不是個嬰兒喔），在公寓追著洛莉和伊莉絲，那時我在外面寫作。伊莉絲趕緊躲進浴室，洛莉則是逼得小強無處可逃再抓到外面去。事後他們去Mister Donut尋求食物的慰藉，我也在那裡碰到她們，一邊吃著抹茶甜甜圈一邊聽她們娓娓道來。

「然後在太陽購物中心，我們也看到了……我想應該是蝙蝠。」伊莉絲說，「我很確定那是隻鳥。」我回答。「大白天怎麼可能在市中心看到蝙蝠啦！」

「我猜的啦。」

那天下午我們去Kiddyland，原宿一間專賣Hello Kitty、史奴比還有其他卡通角色的玩具店，目前美國還沒引進。當我們走在表參道通往玩具店時，伊莉絲大叫，那的確就是隻蝙蝠，在這個市中心的舞台伸展翅膀。那隻蝙蝠看起來真像是個星勢不順的特技飛行員，一群高中女生隨後也看到了，也指著牠尖叫。

「這是我們今天早上看到的同一隻蝙蝠！」伊莉絲說：「牠一定是跟著我來這裡的。」

於是我說：「絕對不是！」實際上心裡寧願這麼想。

# 天婦羅。

有些來到日本的遊客，可能會對天婦羅這種隨處可見的小菜，竟然能開專賣店感到驚訝。甚至還有七層樓高、裝潢富麗的淺草葵丸進天婦羅（Aoi Marushin）餐廳。

但不要誤解我的意思，天婦羅在東京也只是一碟小菜，尤其是在蕎麥麵和烏龍麵餐廳。走進花丸烏龍麵（Hanamaru Udon chain），點餐前會面有一排小菜，菜單上的天婦羅有茄子、洋蔥、南瓜，也有煮鵪鶉蛋、章魚角或小章魚，但大部分的饕客吃天婦羅時卻不把它視為小菜，他們會將酥炸的天婦羅倒進麵湯裡。日本廚師能恰當地將炸物炸得酥脆，也熟諳如何用餡料、醬汁和冷凍毀掉完美酥脆的口感。我實在不怎麼喜歡硬梆梆、回鍋炸的豬排，但我很喜歡天婦羅在熱湯裡癱軟化開、吸飽湯汁的口感，而且仍帶有一點酥脆，如同撞上冰山的船隻，暫時仍漂浮在海上。

要吃到好吃的天婦羅，就得找小巷弄美食像是中野區的上天丼（Tenta in Nakano）。賣天婦羅的餐廳都會以店名來標榜，像第一個字天就代表天堂的、天上的，因此，天婦羅餐廳大多叫「天什麼」。其實沒有必要這樣特別註明，因為在一個街口外就可以聞到油炸的味道了。講究的天婦羅餐廳會用芝麻油，單獨使用或是混和黃豆油，這是味道最好的炸油。如果我娶了一位專門做天婦羅的太太，我就不會希望她下班後洗澡。這大概也是為什麼拿破崙這樣告訴約瑟芬：「先別洗澡，我很快就到了。」

上天丼不算是必去的餐廳，但是標準的天婦羅餐廳，一台油鍋、一個小吧台加上八張凳子。在那裡可以點一杯啤酒或氣泡酒，細讀菜單後，告訴師傅你想要什麼炸物。上天丼的師傅是個帥氣、圓臉的小夥子，他戴著一條黑色的手拭巾，不時可以擦拭汗水，這是我在東京看到的另一種時尚，我一直很想試試，但是洛莉警告我別這麼做，因為我不是日本人。白人中年男子享有很多不平等的優勢，不過急性子的都市個性絕不是其中一種。

每一個在上天丼工作的廚師都面帶笑容，即使接到各式各樣的菜單需求也面不改色，有些需要另外備料，有些的則是要額外的烹煮時間。比方說，我有一次點了白喜魚（kisu，一種白色的小魚，也是伊莉絲的最愛之一）、青椒、香菇、蝦仁、日本南瓜、蓮藕，當我一口氣說完這些菜單，廚師並沒有因此鐵青著臉。在開始料理前，他在我們面前擺了一個小盤子，在上面放了一層鐵架，這樣才能讓剛炸好的天婦羅保持香脆。他從冰箱拿出一條白蘿蔔，在平台上磨成蘿蔔泥，再在前方的小碗中各放一些新鮮的蘿蔔泥佐醬油做沾醬，另外還附了一撮海鹽。

師傅把低筋麵粉直接倒進一個大鋼碗中，麵粉袋外包裝還用可愛的字樣標示「天婦羅專用麵粉」，加上一些自來水後，再用筷子攪拌幾分鐘。串好的天婦羅形狀很怪，不僅結塊，還需要立在鋼碗旁瀝乾多餘的麵糊，太厚的麵糊會毀了天婦羅，因為這樣會使的外皮硬實難嚼，而一位動作熟練的廚師會在最後串上蝦仁和茄子。在油炸的過程，你絕對無法想像酥脆外皮的前身，竟像學校宿舍難吃的燕麥粥。

油炸前，師傅通常會用鋼筷沾一小塊剩餘的麵糊放進油鍋裡試油溫。過一會，放蝦子進油鍋後，他會重複轉動、抽動串好的竹籤，用來製造酥脆的克林貢人（Klingons，星際迷航好戰的外星族人）。

伊莉絲去上天丼必點的食物是海鰻魚（anago）。不同於牠淡水同種的鰻魚（unagi）表兄，海鰻既不危險也不那麼昂貴。一條海鰻在上天丼的售價是七點五美元，我點了一隻後，師傅便從水缸裡撈出活的海鰻準備料理。撈出水面蠕動的樣子像極了鰻魚。扭動的海鰻將身上的水甩到了伊莉絲身上，她嚇了一跳不禁尖叫。師傅在水槽前握著不聽話的海鰻，把牠敲昏後再用竹籤從頭到尾刺穿牠的身體。師傅毫不費力地就串了兩條魚。有句普羅旺斯的俗語說的極貼切，魚活在水裡死在油裡，天婦羅的術語則是，一隻魚可以在十秒內從水中搖籃到油鍋墳墓。

伊莉絲非常愛吃炸海鰻沾海鹽，但這不是她最愛的吃法。串起鰻魚後，師傅會切下牠的魚骨，簡單地綁起來在丟進油鍋中炸。「這是Hone」師傅拿給伊莉絲看，這孩子心裡想著這是小吃的極品，還說吃起來像章魚口味的多力多滋，簡直天才（好吧，我自己也這麼覺得）。

有一次我們點了kakiage，一種簡單又好吃的海鮮蔬菜天婦羅。師傅會把切絲的蔬菜（紅蘿蔔、白蘿蔔、牛蒡、洋蔥或任何新鮮蔬菜）及海鮮串好，這種天婦羅串的間隔比較寬，再小心放進油鍋中。他做起來十分容易，但我想換作是我來料理的話，這串天婦羅會崩解、斷頭、縮手太快，炸物四散在炸鍋的角落。海鮮蔬菜天婦羅通常會淋上天婦羅專用醬汁後單獨上菜，或放在小碗中。這道菜不油膩，可以用筷子輕輕分開食用。

如果在美國想要和日本料理師傅打交道，得去壽司店，我很喜歡坐在壽司料理吧台前，但店內總是瀰漫一股高級料理的味道（如果你選錯壽司店，那飄來的味道會更糟糕）。你可以在東京選擇一間高檔、裝潢漂亮天婦羅餐廳用餐，點一份特別、無可挑剔的海鮮料理，但記得天婦羅是一種炸物，灌了數杯便宜的啤酒後，隨時可以再點上幾盤。番茄培根天婦羅也是炸的嗎？當然，我們吃過呢。一整碗沙丁魚叫shirasu？一點也沒錯！（伊莉絲會搶著說這整碗都是她的。）

如同世界上所有小型餐廳一樣，上天丼的營業時間端看師傅的作息，我們已經知道不要在晚上六點時過去用餐。有一次我們在外頭閒逛到晚上六點半，很高興店門已經開了，走了進去就緒，才發現廚師還沒來，旁邊還有另一個人抽著菸看報紙等待。

十五分鐘後，師傅走了進來，看到店裡有客人驚呼了一聲，我猜他大概是後悔先把店門打開了。

伊莉絲和往常一樣點了一份炸海鰻，正引頸期待師傅炸魚骨給她吃，那神情像極了一個點了漢堡只想著薯條的孩子。師傅不負望的端給她炸魚骨，伊莉絲開心的用筷子夾了一下卻掉在地上了。她一臉受害的表情就像小孩弄掉了冰淇淋，要哭的樣子彷彿說著：「這世界把我整慘了！」大人們瞬時看著地上的魚骨不知所措，突然間師傅出聲了：「把它撿起來給我。」我用自己的筷子夾起魚骨遞給他，師傅在水槽洗了洗魚骨，又再炸了一回，並重新端出來給伊莉絲。

「Hone」，師傅說完，深深一鞠躬。

# 我愛連鎖店。

在西雅圖時，我常在家附近的一間名叫花（Hana）的日本料理店吃飯。我常點牛肉丼，加兩份鯖魚壽司，店裡也賣天婦羅、烏龍麵、蕎麥麵、紅燒鮭魚、餃子以及每日便當。

在日本，這就等同一部由太多明星主演的電影，演員又脫稿演出一般。一間沒有特色料理的餐廳是一間沒有信心、骨氣（guts）的餐廳。

在美國掀起一股貨車美食「專賣店」的熱潮，像是夏季市集和烤馬鈴薯貨車，冬季則是燉魚排，不過日本沒有小吃攤。他們只有小型餐廳，或是外帶餐廳。

那麼日本的專賣店都怎麼經營呢？平日午餐時間，在人形町站南口的街上，也就是老東京區，會有人在「玉秀」（Tamahide），一間在午餐時間只賣親子丼的餐廳外排隊。菜名的漢字是由「父母」和「孩子」兩個字組成，

oyakodon就是雞肉配半熟蛋蓋在白飯上的料理（你懂了嗎？）這道菜沒放什麼食材，只有雞肉、蛋、白飯、醬油、味醂和糖，而且沒有素食口味，也沒有低碳沙拉、小菜或其他醬菜，但可以另外點雞肝或雞肉。

好不容易排到店門口時，終於可以脫掉鞋子，甚想狠狠甩開它們。我小時候最討厭穿鞋子，現在還是一樣。每當我在日本好一點的餐廳用餐時，服務生請我脫鞋的要求，簡直讓我湧上懷念的記憶。

用餐者坐在一張矮小的餐桌旁，桌子下方有個像井一樣的空間，不是那種給外國人翹腳休息的地方。我和一對來東京旅行的中年日本婦人以及另一位夏季出差的年輕人（白襯衫搭黑褲子）併桌，這位年輕人的臉上清楚寫著「別煩我」三個字，我絕對不會錯意。他點了一盤雞肝，狼吞虎嚥吃個精光。玉秀和其他餐廳一樣，先在櫃台點餐付款後才入座，吃完可以直接離開。大部分的日本餐廳都小心處理用餐時間的每一個細節，盡量避免倉促，沒有冗長的菜單讓你猶豫不決，無須等服務生確認、找零，沒有脾氣暴躁的服務生，沒有過量的定食，不用穿鞋子（這是個人喜好啦）。

一位穿著制服的女服務生將我的親子丼端來，我打開碗蓋深吸了一口氣，親子丼要用湯匙吃，而不是筷子，因為用筷子吃滑蛋雞肉飯就像豆豆先生耍蠢一樣。那位神情鬱抑的年輕人走後，我試著和兩位婦人聊天。「這家的親子丼真好吃，你們說是吧？」但我沒聽懂她們的回答。我和她們說我是從西雅圖來的，接著嘗試告訴她們我要在東京待一個月，但最後只說了：「東京現在是一月啦。」

毫無疑問，這家親子丼確實好吃，是種極具代表性的日本料理，但不是什麼有骨氣的那種。我用湯匙挖了一口滑蛋配飯，上面還有一塊雞肉，這是絕佳組合，就像蝦和玉米渣（grits）每一口都均勻沾附了醬油。

我吃完丼飯和醬菜後，和兩位女士道別，在玄關處很不想穿上鞋子。下次我要來玉秀吃晚餐，餐廳晚間的菜單是和軍雞壽喜燒（Shamo sukiyaki），一種佐雞肉薄片的火鍋。

除了雞肉和白飯，也可以在東京餐廳找到炸豬肉排、咖哩飯、拉麵、烏龍麵、蕎麥麵、餃子、牛舌、天婦羅、章魚燒、串燒、韓式烤肉、壽司、大阪燒、炒飯、炸雞等多種專賣店。此外，即使你自認懂一些日本料理，還是會在菜單上看到一些未曾看過、一時很難臆測的菜名。

除了這種單賣一種菜的餐廳，日本也發明了一種速食連鎖店，雖然麥當勞和肯德基在日本都找得到，但吉野家（Yoshinoya，牛肉丼飯）、CoCo壱番屋（CoCo Ichiban，咖哩飯）、花丸烏龍麵、築地銀章魚燒、樂雅樂（Lotteria，漢堡類）、天丼（Tenya，天婦羅）、Freshness Burger、Ringer Hut（長崎強棒麵）、Mister Donut（披薩，我開玩笑的）等連鎖店還是占大多數。由於日本人大多身材纖細、身體健康，而我又不會讀日文報紙，不太清楚日本速食連鎖店是否造成任何社會疾病，但很難相信Mister Donut會造成高自殺率。

老實說，有時候我根本不知道是在連鎖餐廳吃飯。我們很喜歡吃的一間串燒店秋吉（Akiyoshi），就是Google後才知道是連鎖店的。我到現在都還不知道達人炸雞（Tatsujin）到底是不是連鎖店，但我也不是那麼在乎，因為他的炸雞就是好吃。日式炸雞是介於雞塊和左宗棠雞（General Tso）之間的點心，將大塊無骨雞肉裹上薄薄的酥皮，油炸兩次格外香脆。達人炸雞有多種菜單，像是原味、辣味和炸雞球，但只有伊莉絲喜歡炸雞球，它是一種近乎完美圓形的炸物，只能看得到一點點雞絲的形狀，有點奇怪。如果你曾經擔心雞塊裡面到底摻了什麼原料的話，那這種替代品也許更糟。

我認為經典的日式連鎖店是摩斯漢堡，我有一位認識多年的朋友羅伯・克瓊賽德也很喜歡吃摩斯漢堡。「來日本的旅客總是覺得日本麥當勞的照燒漢堡最好吃，但吃過摩斯漢堡的人就知道這是膚淺的回答。」他說。他說的沒錯，摩斯漢堡雖然賣類漢堡的食物，卻又不只如此。有次我們到摩斯漢堡用餐，伊莉絲點了一份燒肉米漢堡，一種兩片烤飯糰夾韓國烤牛肉的食物；我則點了一個典型的漢堡，但裡面的炸豬肉排是鐵板烤的，淋上特製番茄牛肉醬，我吃完以後還是很餓，所以又點了一個米漢堡，是素的漢堡，裡面有牛蒡絲佐醬油、味醂和辣椒，大勝麥當勞。

在摩斯櫃檯旁，我還注意到一則期間限定的新品廣告：墨西哥堡（naan tacos）。顧名思義，這是一種印度麵包加上墨西哥捲餅餡料的組合，大概是用日式烹調方式料理的，這讓我懷疑期間限定時間已經過了。

# 烏龍麵對決蕎麥麵。

在東京生活的人，甚至只是短期旅行者，腦子的構造是由三種麵條組成的：拉麵、蕎麥麵、烏龍麵。

拉麵愛好者在網路上瘋狂寫著關於麵條質地、配料、油脂、鹽還有調味料比例等評論，介紹許多號稱勝人一籌的拉麵店，但也有少數關於拉麵正統性的乏味評論（但不是英文評論）。如果有人正在製作泰國綠咖哩的拉麵，我敢說「一定有人」會去嘗鮮，並且記錄在部落格裡。

相較之下，蕎麥麵則著重於美學。拉麵是國民美食，日本到處都是拉麵店，甚至連大學宿舍都有，吃一碗未知風評的拉麵，代價只要十美元。蕎麥麵則可稱做精緻美食，最經典的蕎麥麵料理——蕎麥冷麵（zaru soba），一定會使綠咖哩蕎麥麵相形見絀。這是一道放在竹籃裡的料理，而且，就只有這樣而已，還會加一點沾醬，如果手工研磨的蕎麥味還不足以取悅你的庸俗的話。而蕎麥麵愛好者通常不寫部落格，他們用沉思互相交流。

那麼烏龍麵呢？我對烏龍麵愛好者沒有成見，因為至少在東京這個地方，烏龍麵是個懷才不遇的三級麵種。

拉麵在日本全境相當受歡迎，蕎麥麵則是東京關東的地區美食。胖胖、QQ的烏龍麵始自於四國的香川縣，這是最小、人口卻是四個島中最密集的地方。不過別誤會我的意思，烏龍麵其實非常受歡迎，只是卻沒有在東京地區掀起熱潮，僅僅滿足了啜吸和咀嚼的口感而已。在它的家鄉四國島上，日本《時代雜誌》有這麼一篇報導：

由當地設計師主導塑造的角色Udon No，是一個早上起床要找烏龍麵而不是找腦子的人物，被香川縣首府高松的烏龍麵製麵商選為官方形象人物。

「我也一樣（指和Udon No），滿腦子只有烏龍麵。」製麵商老闆茂樹大嶺（Shigeki Omine）表示。

茂樹先生，我真該和你連上線，比起另外兩種麵，烏龍麵是我和伊莉絲最愛的麵食，我想部分原因是它的普及性。烏龍麵深具地區特色和口味變化，確切來說（即使京都的烏龍麵博物館有詳細的說明），你不用瞭解任何和烏龍麵相關的知識，就能品嘗一碗簡單、美味又經濟的烏龍麵了。

我們第一次去日本時，我和伊莉絲參觀了伏見稻荷大社，一道用無以計數的紅色木條搭建的神社鳥居，長至穿越一個山丘。這個鳥居大道曾出現在電影《藝妓回憶錄》中，也是許多旅遊書籍的封面。我個人認為並不會太令人失望，因為現場會打破你所有對美景照片的想像。你可以徒步一個小時穿越這條路，換言之，在穿越這個6237座鳥居組成的隧道後，飢餓開始咬著你的思緒不放，讓你即刻想起了烏龍麵。如果糖果屋的女巫搬到日本，她大概也會建一座烏龍麵塔。

菜單很簡單，豚骨烏龍麵、豆皮烏龍麵……事實上，我只記得這些，因為豆皮烏龍麵（kitsune udon）是我們點的餐點，還有日本人總說狐狸非常喜歡豆皮，這種豆皮不會炸得酥脆；此外，油炸豆皮也很不錯，是一種口感很有彈性的豆皮，常拿來做稻禾壽司。

如果要在家裡自己做豆皮烏龍麵，要先買好冷凍豆皮，將豆皮先浸在醬油和味醂裡，再放入烏龍麵湯裡，依個人喜好可以再撒上一些香蔥點綴，就完成了。

我會和伊莉絲合吃一碗豆皮烏龍麵，因為她那時只有六歲，滑滑的麵條吃得滿地都是（這是我的藉口嗎？）豆皮在烏龍麵湯裡像是一塊海綿，吸飽了湯汁、混和著它自身醬汁，咬進嘴裡時香氣在口齒裡流竄，就像羊肚菌菇一樣。

吃完烏龍麵補充體力後，我們順著原路走回去，沿著一處陡峭的石階拍了許多照片。

這就是我們的廟宇烏龍麵遊記，其實很多東京的烏龍麵都有相同的功能，當你著迷於蜿蜒小巷的冒險中，不小心迷路了，正巧是午餐時間，該吃什麼呢？當然就是烏龍麵囉！經濟、實惠又不用冒險。在東京的夏日旅行中，我個人最喜歡的一道菜就在烏龍麵連鎖店裡。

花丸烏龍麵全日本到處都有分店，是很受歡迎的烏龍麵連鎖店。我想這大概也是受到英國米其林名廚的拉麵連鎖店（Wagamama noodle shop）影響吧。中野的花丸位在一條又陡又窄的階梯底下，推開店門，就可以看到一條長桌、櫃檯以及瀰漫令人愉悅氣氛的小店面。

菜單上有各種經典烏龍麵，像是豆皮、溫泉蛋、以及伊莉絲的最愛kake udon，一種簡單的湯烏龍麵，沒有其他配菜。日本人的奶油麵條是加了巴馬乾酪煮的，算是兒童餐之一。快煮烏龍麵和美國速食一樣便宜，卻有著無以倫比的美味，伊莉絲吃的kake udon一碗不到一點五美元。她點了這道菜後，廚師拿起一個碗，加進熱麵條，並用一個大型飲水機的水龍頭加滿整碗湯底（用餐區有一台飲水機，免費供應玄米茶和冰開水）。

花丸烏龍麵的湯碗分三種，最大的碗可以共食或是給相撲選手的份量，話雖如此，我常看到金氏世界紀錄等級的人在東京吃飯，這是一種美國人的成見，我心裡明白，但這個份量在東京卻很稀鬆平常。有天下午，我遇到一位大媽級的女人也去了花丸烏龍麵店，點了一碗最大碗的烏龍麵、一碗咖哩飯、幾片天婦羅，這是一頓就算被指著槍口威脅我也吃不完的份量，她卻耐心、優雅的吃完了她的午餐，真是太棒了。

接下來我要介紹一道夏季限定的美味：辣味酢橘烏龍麵（spicy sudachi udon）。

日本境內的天然環境適合種植小而美味的柑橘類水果，像是柚子、日本梅子、酢橘。柚子在日本以外的地方也很為人所熟知（也不是那麼普遍啦），每一種都很酸，吃起來像是酸橙、檸檬及橘子的味道。酢橘的外型則是很可愛，小小圓圓的，像是一般酸橙。

辣味酢橘烏龍麵是冷的烏龍麵，上面會撒上蘿蔔泥、蔥末、碎的智利綠辣椒（應該是蒸煮過），並附上一半的酢橘，在東京可怕的夏季吃到這道菜，更讓我有感覺自己身處日本的真實感。我很喜歡熱烏龍麵（加上豆皮、咖哩、牛肉、味噌豬肉、炒高麗菜豬肉），但冷麵讓厚實有彈性的麵條徹底完美呈現。

這道菜當早餐、中餐或晚餐都合適，只是不能都在同一天吃。我非常喜歡這道菜，並試著在家裡自己做，以下是本書唯一一份食譜：

辣味酸橙烏龍麵

改編自花丸烏龍麵菜單

兩人份

拉麵湯是所有麵食的湯底，你可以自製，但有鑑於需要再跑一趟乾貨行買其他食材，買成品其實也無妨，就在醬油或麵條那一排，通常會以牛奶瓶大小來販售。如果要自製，建議去japenesecooking101.com找食譜，但其實網路上的食譜都大同小異。如果不想吃太辣，可以減少墨西哥碎辣椒的份量。

1 條阿納海辣椒（Anaheim）

1 條墨西哥辣椒

鹽

兩包冷凍烏龍麵（約450克）

1/4 杯蘿蔔泥

1/2 杯蔥末（或香蔥末）

6 匙蕎麥麵沾醬汁（mentsuyu）

2 顆酸橙，對切

1. 在大鍋子中煮水。

2. 煮水的同時，將辣椒放在下面烤，5分鐘後翻面，或是小心在瓦斯爐火上烤，直到外皮呈現焦色。然後將辣椒盛盤冷卻10分鐘，接著去蒂、籽以及辣椒皮；兩種辣椒的做法一樣。再將辣椒剁碎，均勻混和，灑一點鹽。

3. 把烏龍麵放進滾水中（不用先解凍），煮麵時必須不斷攪動。煮好用篩子撈起麵條，過冷水。

4. 將麵條平均分在兩個大湯碗裡，上方漂亮地擺上蘿蔔泥、辣椒、蔥末三種佐料。一碗各加入三匙蕎麥麵沾醬。最後放上半顆酸橙，將另外半顆酸橙汁擠入碗中，攪拌均勻即可食用。

最後，我終於鼓起勇氣去中野站附近上班族聚集的地方吃早餐，這是間非連鎖麵攤。麵攤有個黃色牌子寫著INAKA SOBA UDON。我不太確定INAKA（意即鄉村風）是指這個地方，還是指這種風味。

麵攤可以容納六個人，但只有站位，在櫃台邊等餐點後，快速掀開湯蓋，再快速吃完。這裡不算一間店面，因此得站在街上吃麵，我經過這間店很多次，試著先了解菜單內容，因為我不想當一個口吃的外國人，阻礙後方排隊吃早餐以及急著趕去上班的人龍。

終於輪到我了，我可以詳細告訴你整個流程。你可能會很驚訝INAKA SOBA UDON只有兩種麵條可供選擇，那就是蕎麥麵和烏龍麵。點了麵條之後，老闆就為開始用熱開水煮麵，再加上熱湯，湯頭的醬油味很重，還有少許蔥末。

重點是上面的配料，INAKA的菜單是建議加在湯裡的食材，我很快地從左至右看了一遍，看到隔壁吃的美味蔬菜天婦羅，我也點了一份配，外加一顆生雞蛋。整個服務流程大概只花了十幾秒鐘，有一位老女人在一旁指揮，我猜她大概就是老闆娘了，她雖然沒下廚，但她管錢，並且監督整個動線保持流暢。客人要先買單，就可以節省時間，即使吃完要馬上趕電車也不怕來不及。我的湯是四百二十日圓，大概是五美元。其他的配菜像是油豆腐或竹輪都很熱門，還有一種香腸狀的魚料理比聽起來好吃多了。

我的蕎麥麵終於香氣四溢上桌了，但我始終學不會用正確方式品嘗日本麵條，我啜吸麵條的聲音很奇怪，還有總是習慣先咬斷麵條，讓剩下的縮回碗中，這樣是不合格的。此外，我發現我是唯一會小心不要讓麵湯噴灑太遠的顧客，但其實老闆娘之後都會擦乾淨。蔬菜天婦羅在碗裡安靜地吸飽湯汁，我攪動蛋黃放進湯裡，用餐最令人愉悅的部分就是高舉湯碗大口喝，喝進濃濃的蛋液、天婦羅以及滑溜的麵條，這碗營養的餐點可以支持我好幾個小時的寫作。

我可不是隨便說說，是真的！這是第一個沒有讓我在早上九點半就滿心想著Mister Donut的早晨。我盡可能快速地吃完早餐，但似乎還不夠快，坐在櫃檯最裡面的男人比我晚進來，點了一碗和我一樣的餐點後（這令我開心），卻早我一步叫了第二碗。INAKA的份量幾乎是大碗公，吃兩碗我可能會撐死。

為了著手更深入烏龍麵體驗，我們三個人都報名了伊莉莎白・安多（Elizabeth Andoh）製作烏龍麵的課程。用著「手」可能有用詞不當之嫌，因為烏龍麵糰硬到不可能用手搓揉，自製烏龍麵最後就像傳統釀酒一樣變得很普通。

安多與茱莉亞・柴爾德（Julia Child）或黛安娜・甘迺迪（Diana Kennedy）並列為和食食譜作家。她原來是位紐約客，二十年前和高島屋百貨（Takashimaya department）的執行長結婚，後來找到自己料理的天賦並在美食班授課，上課內容就是她第二故鄉的食物。她讓我想起我母親以及她在紐約的猶太家人，從來不失言，總是堅守正確的原則做事情，想不通為什麼別人會選擇別的方法？

這門動手做烏龍麵的課程是親子課程，來上課的孩子有好學的加拿大少年、一個和伊莉絲同齡的菲律賓男孩，以及一對十分活潑的美國男孩。我們輕咬一口米果和烏龍麵的配料（孩子們最愛吃竹輪，也可以說是魚板，吃起來沒什麼味道，中心是簍空的，切片後就像戒指一樣可以套在手指上）。安多示範如何自製昆布湯佐柴魚片，然後孩子們便將麵粉、水以及鹽和在一起做成烏龍麵糰。

揉好的麵糰要放進保鮮袋裝好，孩子們站在麵糰上並用力踩踏。如果你正在找一個能讓不同年齡層、文化背景的孩子相處融洽的方法，讓他們一起踩踏東西是不錯的解決之道。然後，休息時間可以讓他們玩一下父母的智慧型手機，伊莉絲和菲律賓男孩輪流玩一個叫Jetpack Joyride的手機遊戲，然後為對方精湛的遊戲技巧感到驚訝。

伊莉絲被分配到製作蘿蔔泥的工作，她做得不亦樂乎，先把厚實的蘿蔔切塊，再用圓形的刨絲器磨成泥放在碟子上。其他的孩子則負責切好的麵條分成冷熱兩盤，孩子們做的烏龍麵顯得胖胖的、渾然天成，而且粗細不一，算是介於麵條和麵疙瘩之間的一種產物。再將麵條和醬汁拌勻，也就是我們剛才自製的昆布湯加醬油、米酒、味醂。每位學員都可以從安多私藏的筷子中選一雙來使用（伊莉絲選了相撲選手筷，我則是選了智利辣椒筷），並依個人喜好加芝麻、蔥末、蘿蔔泥或竹輪到麵裡，我的那碗配料一種也沒少。

在電影《墨西哥麵餅湯》（Tortilla Soup），也是美國翻拍李安導演的《飲食男女》的作品中，一家人片尾相聚吃飯，在一陣可怕的靜默後，演員保羅羅德里格斯（Paul Rodriguez）打破沉默說：「這配料真是美味。」這是我最喜歡的電影台詞之一。人們對淋料各有喜好，但我們最愛的還是底下的烏龍麵和完美醬汁。

我們吃飯時，有位家長問安多什麼是她最喜歡的美國食物。「坦白說，沒有。你也知道，我有五十年的歲月都住在日本了。」說著自己也感到很驚訝。

在這趟旅行將結束的夏末，我也沒有錯過任何美國食物，我還是比較喜歡吃辣，但在東京實在不容易找到。我想我的腦子有一部分是由辣椒素組成的，有一次我差點因為看到公車上的一則中東辣味三明治廣告而上車。我想，能在東京吃到辣味酢橘烏龍麵真是難得的小確幸。

# 怪腔怪調的片假名。

出發前，我的朋友亨利問我最期待吃到什麼日本美食。

「該如何說起呢？」我困擾地說。「拉麵、串燒……」此時，亨利毫不猶豫打斷了我，臉上寫滿「你真是個瘋子」般地看著我。其實是因為我用很誇張的腔調在說話，就像美國新聞主播說「尼札拉嘎」（尼加拉瓜）一樣。

我盡量去改掉這個惱人的習慣，最終還是失敗了；有次去東京旅行，我得學會一個歪國人該會的習慣，用一種怪腔說英文，好讓美國人都歧視你。

我曾在高中的法文選修課中，學到法國政府有一個極傲慢的維持純種語言的機關單位，嚴謹把關外來語如le meeting和faire du camping。想當然耳，儘管再努力維持也會失敗，但也留下鮮少成功案例，像是l'ordinateur（電腦），而不是le computeur。

日本卻從來不打算實施相關政策，日文中有大量的英文單字，就像是在讀雙語言筆記一樣。這些英文字，有時夾雜法文、德文、葡萄牙文，近幾年更是借用中文字，均用片假名呈現。舉電腦這個字為例，日文是コンピューター，發音則是「kompyuutaa」。有趣的是，英語母語人士到了日本，也會花相當長的時間用日文音調拼字。有一次我和我的朋友凱特排隊買冰淇淋，她會說日文，我索性問她點一份小的冰淇淋要怎麼說，我不想走進31冰淇淋店（Baskin-Robbins）用英文點餐。

「我會直接說sumoru」，凱特回答我。於是我照做，「sumōru kōn, chokoreito」店員便為我盛裝一份小的巧克力冰淇淋。

這成千上百萬個英文借字幾乎和英文發音完全不同，但卻相當合理，因為日文的音節不比英文來得有彈性。我曾學過日文，旁邊坐了一位名叫卡爾的男孩，日文真的很難學，r和l讀起來完全沒分別，而且子音不能連續使用。英文字引入日文用的是片假名，也就是日文字中用來寫外來語的音節。「卡爾」這個名字就得念成Kaaru。

我總是看著這些成對或重組的單字，想不起來是哪一個英文單字，直到我有次看到伊莉絲玩樂高，樂高積木有限定的數量、形狀和顏色，但你卻可以用它任意組裝成城堡、警察局，甚至美國總統山（Mount Rushmore）。當你完成後，後退一步欣賞自己的作品時，太好了，這個作品像極了亞伯拉罕・林肯，但終究只不過是一組樂高。日語中的英文單字也是如此，它聽起來像是原作，但是是重新組裝的，如同日本廚師分解西方料理又以日本料理來詮釋，便成就了洋食（yōshoku）。

用片假名的發音讀英文單字真的很有趣，即使不知道字意，我也可以用日文讀音，甚至學得有模有樣。Pancakes? Pankēki. Beer? Bīru. Culture shock? Karuchā shokku。

但是點餐後要了解對方的回應又是另一回事了。

每次我去到非英語系國家旅行，點餐都像是速食店得來速一般，點了一個不知道是什麼的餐點，然後拿了一袋未知物離開。「請往前開，謝謝！」

在日本、泰國還有法國都遇過相同的情況（還好食物絕對比得來速的品質好）。其實我很有語言天分，我會讀法文的 r，日文的 r 或 l，西班牙文的 r……等，怎麼都是 r 呀！

但當地人不會誤以為我就是母語人士，因為我的英語腔隨著行李和我一起旅行，不過母語人士都能看出我的努力，我努力嘗試說一口流利的當地語言的模樣，讓他們都能看出我和一般出國旅行的外國人不一樣，拜託救救我，你講英文吧！

因此，我會很有自信地用日文問：「請問廁所在哪裡？」（巧的是，日文中最常用的廁所一字就是英文借字toire（toilet）。但如果對方的回答比用肢體語言指出廁所的位置更複雜時，我只好戴上語言傻瓜帽問起：「不好意思，我不懂你說什麼。」

但我很討厭戴這頂帽子，我喜歡解謎，而語言就像是一箱拼圖，該怎麼拼裝？它的規則和語言常例是什麼？

如同我們現在所知道的，這箱語言拼圖有一種直觀的原則，就和電腦天才發明的規則一樣。天才也得吃飯，就像史蒂文・李維（Steven Levy）在《駭客》一書中所說的，MIT電腦科學家夜間寫程式的方法和世界其他地方都一樣，而且還配上中國菜。

> 中國菜也是一個系統，利用駭客的好奇心刻苦鑽研出新的LISP編碼……他們輸入中文字典和中國菜單到系統裡去。主廚翁先生，很不情願的執行此計畫，Gosper、Samson還有其他人反覆看著菜單，好像這是一本新機的使用說明書。Samson負責翻譯，很多都是直譯番茄牛肉翻成英文會是什麼？直譯作Barbarian Eggplant Cowport。「雲吞」則是Cloud Gulp。

七〇年代，卡爾文・崔林（Calvin Trillin）曾表示自己喜愛紐約中國城的菜色，崔林對毛澤東的政治理念完全不感興趣（當時毛澤東也已經過世了），但他想要了解毛主席對菜的解讀，並放在餐廳的牆上，其實他只需要從紐約大學借一本《駭客》就夠了。

回到東京的話題，我們抵達後的兩周，我一直擺脫不了得來速模式，我甚至聽不懂兩個字以上的回答，幸好最後還是開竅了，當對話開始時，我忘了用敬語、也忘了日文動詞作結的規則，只著重於關鍵字的表達，她剛才說了「nomimono」我想是問我要喝些什麼！而且她拿著一個玻璃杯，做了搖晃杯子的手勢。當我能夠完整解讀一句日文時，這感覺就像是有人丟了一隻魚給我，我隨即又把牠拋在空中般的流暢。

我就是學不好日文，而且永遠講得沒有牙牙學語的日本嬰兒好，但我設法用閱讀將自己與卡爾文．崔林或日本嬰兒做區分。

# 日文有四種語法。

容許我再重複一次，日文有四種語法。如果想要讀寫流暢，就得學會這四種語法。就像考駕照時，主考官告訴你得先組裝車輛，而且這台車必須通過加州排氣測試標準。

幸好其中三種語法很簡單。一種是羅馬拼音，另外兩種是平假名和片假名，好學也好辨認。平假名彎彎曲曲的，形狀滿可愛的，片假名則像忍者的武器一樣。

如同我之前說的，片假名是用來寫外來語的，但這不是它唯一的用途，但卻是最廣泛使用的方式。學片假名應該是每一個到東京旅行的人的必備技能，大概需要一周的時間來學習，但入境隨俗後就可以讀懂所有的品牌、路標、菜單。平假名並不實用，除非連同它的好姊妹漢字一起使用。

學習漢字是一場心靈的超級馬拉松，日本學生從幼稚園開始學漢字，直到高中大概可以學到兩千個以上的漢字。就像在英文課學新的單字一樣，想到這裡就讓我想打聚合球（spitball）舒壓。

中文字常被稱作圖像文字。有一些的確是，像是雨、口、田、女以及母這個字，只要歪著頭看就可以發現「母」像女性的乳房（這該不會就是表情符號的淵源吧？）其他的複雜的字體很少或幾乎和字義無關。舉「新」字為例，這個字的意思是全新的意思，但為什麼？誰知道啊。漢字更像是抽象文字，而不是圖像文字，因為每一個字都有其義，不過學起來會讓你像是笨蛋一樣（請原諒我這麼說）。

我不是要像電影傳奇英雄凱文・科斯納（Kevin Costner）一樣用知識吸引當地人民，卻完全不懂他們封閉的語言。我的漢字單字量不足以讀一本書，實際上，我根本作弊，把書中看起來最抽象的文字圈起來，用理解代替閱讀。

為了反攻漢字，我找了一本極具爭議性的書籍《不花功夫學漢字》，作者是詹姆斯・海辛格（James Heisig），這本書用記憶術的方式幫助廣大讀者學習漢字，包括國外業務、漫畫宅男腐女、想認識日本妹的人。把每一筆一劃重拼組在磁鐵上，讓它看起來可能很兇猛或很性感，就像所有的記憶術一樣。書末可以學會常用的漢字，但卻完全無法發音（每一個漢字可能有破音字，或是和字型完全無關聯的發音，至少會有兩種以上的變化）。

這就是我剛到東京的窘況，我可以讀所有的文字，但若沒有一點提示，就完全不知道這些字的意思（英文刁鑽的發音是眾所皆知的，但這也是另一種分類的結合）。最後證實了這種程度的讀寫能力並不理想，卻相當方便，假設要尋找南門出口，看到指示牌上就寫著「南口」，又何必需要知道怎麼發音呢？

最重要的是我可以看菜單，包括居酒屋的菜單，因為居酒屋的菜單大多都寫在一塊直立的木板上，掛在餐廳的牆面。即使不會發音，還可以用手勢點餐（很多菜名都是用平假名或片假名寫的，這讓菜單變得更易懂）。

抽象文字的優點是不需要分辨字和符號。英文說美金，但寫卻成$符號；日文說yen，字也是円。就像罐頭（缶）、男廁、女廁、紙、書本、冰（氷）。最後一個日文字是冰的漢字，有小小的一撇標記冰的字義。

要學會漢字的讀音和組成構造，對我而言比登天還難，怎樣都覺得這是最令人洩氣的語法規則。我花越多時間學這些，就越像愛情喜劇中的女主角：「我的天吶，這些字真是討厭！為什麼這些字總是纏著我不放呢？可能就是因為它很討人厭吧！這絕不是因為我愛上漢字了！」

# 壽司。

我們剛到日本時，曾和一位西雅圖的朋友一起吃飯，他和女兒一起來日本旅行，並招待我們一頓豐盛的壽司大餐。他說壽司對他們的吸引力就像鯨魚張大嘴吸入所有壽司一般，像是在日本阿爾卑斯山令人驚喜的飛驒牛肉壽司，在澀谷的無菜單料理（omakase）……等。

但是，布魯斯，很遺憾的，我在東京吃的壽司並不多，我不曾在小野二郎（Jiro Ono）的米其林三星餐廳訂位，也沒有在《壽司之神》（Jiro Dreams of Sushi）中佔有一角，即使餐廳現在是由二郎的兒子經營，或是任何一個想要入鏡電影的二郎的競爭對手，最後都只好接受消費者願意花三百五十美元買單吃次郎的壽司的事實。

我在這裡吃過幾餐壽司，其中一頓是無菜單壽司晚餐，這家餐廳就坐落在一個著名的轉角，晚餐最後是以一碗美味、盛滿魚骨的味噌湯結尾。當然，我們也吃了迴轉壽司，就是將食物放在一條轉動的輸送帶上送餐給客人。我帶伊莉絲吃過三次迴轉壽司，西雅圖有一間很受歡迎的壽司連鎖店，這間店有專為小孩設計的餐點如泡芙、迷你甜甜圈或炸雞，東京的迴轉壽司連鎖店就只有壽司和啤酒。但我很喜歡色彩繽紛的飯糰，用手掌捏出的飯糰上加一片魚切片，在中野地下道的商店街還有一個個用玻璃紙包裝販售。

然而，每一次我在東京吃壽司時，我想到的都是西雅圖，最常有人問我們這些外國人的問題就是：「西雅圖有人吃日本料理嗎？」每一次我都要一再解釋，西雅圖的日本料理就等同於壽司，有些日本人知道這個現象，但大部分人則認為莫名其妙；這就像是在國外隨處可見標榜美國食物的餐廳，卻只有龍蝦大餐一樣（我後來補充其實整個西雅圖大概還有午間拉麵店和一間烏龍麵店時，他們不由得笑了起來）。

西雅圖的壽司很好吃，那裡有家世界級壽司Shiro Kashiba，主廚曾向小野次郎學藝，便將餐廳取為Shiro。我們也吃過很多物美價廉的壽司，我在東京吃壽司像是浪費食物一般，並不是因為食物很糟，而是因為在東京有其他更值得品嘗的美食，而且是遙遠的西雅圖根本吃不到的。

聽起來我似乎是個很難搞的人，我知道，但身為一個講究的食客，我應該要去吃一次三百五十美元的名壽司店，去查考到底葫蘆裡賣的是什麼藥，儘管這個價位我可以吃三十五間不同的拉麵店。不過，我的確有過一次印象深刻的生魚片壽司食記，時間發生在早上八點。

築地是東京的魚市場，也是魚市場的東京，在那裡可以找到又大又新鮮的魚！也是個極富盛名的觀光景點，以漫畫Goofus and Gallant的方式迎接旅客，告訴你不要去閃躲載滿漁獲的卡車，任由徒步區的規劃引導你，就像是真人版遊戲一般。

我們早上六點半便把伊莉絲挖起來，出發到築地，一條令人感到驚訝又沮喪的一段地鐵路程。我們到的時候，伊莉絲既餓又怒又沒有吃壽司的心情，老闆注意到她一臉起床氣的表情，立即端上一份最中（monaka），一種裡面夾了香草冰淇淋夾心的甜點。這是最不會弄髒手的冰淇淋點心，伊莉絲可以輕鬆打開這個甜點食用，雖然吃完時手還是黏黏的，老闆就笑著引導伊莉絲到店裡後面洗手。

吃飽喝足後，我們在築地附近閒逛，瞇著眼睛查看地圖，遊逛各式各樣的海草、刀具、茶還有鍋碗瓢盆（市場的最裡面才有販賣活魚，大概三點的時候進貨的）。我們在兩間著名的壽司店前（Dai and Daiwa）徘徊兩次，但店門前排著隊、虎視眈眈盯著海鮮蓋飯和生魚片蓋飯的旅客，使我們相當猶豫。如果你知道散壽司，也就是盤中放有各式各樣魚種的料理，海鮮蓋飯就有點類似這樣。我後來點了一分肥滋滋的鮪魚蓋飯，洛莉則點了鮭魚蓋飯，伊莉絲點了熟食炸大蝦。雖然已經吃了餐前冰淇淋了，她還是沒有胃口吃生魚片，但如果要她吃完蝦子呢？那絕對沒問題。

在築地吃的是氣氛，而不是食物本身，即使新鮮如紅寶石的生魚片及調味適當的壽司飯的美味不在話下。店內裝潢和紐約咖啡廳一樣精緻，有一半的夏威夷風裝飾品以及一位看來粗獷的服務生不斷為你倒滿熱麥茶。我很喜歡看洛莉吃到生魚片的窘樣，這是她最不喜歡的食物之一，她會說：「我早上不是在築地魚市場吃過了嗎？」我不知道自己性格裡有什麼缺陷，讓我會這樣在一旁幸災樂禍，我得好好的檢討一番，但老實說，我也喜歡看猶太人吃培根。

# 牛排對決豬排。

日本人不像美國人這麼需要吃肉，不過一旦日本人要吃肉時，他們會將肉處理得如供獻在帕德嫩神廟的供物一樣講究。拉麵最受歡迎的配料是叉燒，條紋的脂肪像培根一般，放在豚骨湯中泡至軟爛，再切成完美的圓形。

有一次，我和伊莉絲搭車前往吉祥寺，位於東京東南方，找一間佐藤牛排餐廳（Satou Steakhouse）吃中餐。佐藤的平價好肉質遠近馳名，因此店門前一定會有排隊人潮，當我們到的時候，想當然耳，果然就有人在排隊。排隊文化如同日本的國民運動一樣，在隊伍中的人們各個看起來堅忍不拔、面帶微笑。不只如此，這條隊伍和其他商家相鄰，也有其他主打肉類的餐廳，這不外乎是個好的商業策略。伊莉絲則利用我們排隊的空檔閱讀小說《清秀佳人》。

語言障礙最令人洩氣的事情之一，莫過於是排錯隊伍，我們就排錯了，原來這人群是排炸肉餅（menchi-katsu）手工漢堡的，還好我們只排了十五分鐘就發現這件事了。我們要去的餐廳幾乎不用排隊，中餐的菜單只有三種，全都是牛排。

餐廳裡每一個座位都看得到廚房在鐵盤上的料理過程，可以看到廚師不斷翻煎牛排、撒上適量的鹽和胡椒調味，有時會蓋上蓋子，我猶豫著要不要掀開它。如果你去過有特技秀的紅花餐廳（Benihana），去掉其中的表演，就會明白日本牛排的鐵板燒魂了。廚師會將牛排切成適合入口的大小並將炒豆芽放在一旁，再淋上肉汁。伊莉絲不想吃炒豆芽，但我覺得很好吃，而且欲罷不能。

這份牛排，論調味、口味、擺盤及份量，皆令人滿意，非常完美。佐藤的廚師捨棄焦脆的外皮，裡面依然保有多汁的肉質及鮮美的口感。

如果美國以這樣的方式烹調肉，就不是這麼受歡迎了。我和伊莉絲吃遍了美國的牛排餐廳，肉質精實、堅硬，充其量只算是磨牙。然而在這裡，油花完全如大理石般精緻高貴，即使是小塊的肉也極具價值。

「如果我吃素，這一塊牛排會引誘我開始吃肉。」伊莉絲說著，正用筷子夾起一塊肉。

還有一次我們走在原宿往表參道的路上，這是一條時尚大街，很多我沒聽過的品牌，這些衣服既不適合我，我也買不起。

我們轉往靠近表參道購物中心的小巷走去，前往Maisen炸豬排餐廳。這間餐廳主打可以用筷子切斷的軟嫩豬排餐，就像是委婉對我說「想用叉子嗎？儘管用吧，美國人！」

豬排餐廳算是速食餐廳中平價的選擇，你可以在店裡吃到豬小排或炸豬排，豬小排的肉比較瘦，炸豬排則較油膩。在高檔一點的炸豬排餐廳，像是Maisen，也有多種豬肉品種可選擇像是黑豬肉（kurobuta）、西班牙的伊比利亞黑蹄豬、東京X（由東京畜產實驗場研發的品種）。我和伊莉絲都選了經典炸豬排。和所有炸豬排店一樣講究，這塊豬排被切成小塊並且放在金屬架上，以避免高溫水蒸氣將底部悶爛。上菜後我們做的第一件事，我想是一種反射動作，便是拿起筷子試著切斷豬肉，我們成功了！豬肉很多汁，外酥內軟，調味也很順口。

炸豬排定食附一份漬物、味噌湯、白飯還有特製豬排醬，以及一大份的高麗菜絲；不是白菜，而是青翠新鮮如每一間美國超市販賣的那種高麗菜。這些都是炸豬排的基本搭配，但高麗菜絲更像是必備的配菜，服務生拿著一大碗高麗菜絲和夾子勤快的巡桌，隨時為客人補上，卻似乎因為沒有人吃得完這座十字花珠峰（cruciferous Everest）感到失望。而且「高麗菜絲補給人員」就像是日本的萬聖節服裝，大家一眼便認得出來。

如果你喜歡吃豬肉，但沒試過自製炸豬排，我非常鼓勵你試一試。非常容易做，甚至不用深的油鍋，只要有淺的油鍋即可，一份炸豬排配上短米、超市買的日式漬物以及高麗菜絲當晚餐，就是很東京的吃法。

# 鍋物。

這件事很令人失望卻又無可奈何，吃一份相撲鍋並不能讓你真的變成一位相撲選手，好啦，我的意思是對我本人並不奏效。

兩國是東京的相撲區，設有國家級相撲體育場，這是訓練相撲人才的場地，不是我隨便說的，這地方也叫做馬廄，雖然聽起來不是很公平，畢竟相撲選手比載重的馬要來得壯。

我們到兩國的江戶東京博物館會見一對朋友，瓦德和他四歲的兒子約瑟夫。這是一棟極現代的建築，外觀有點像是星際大戰五部曲中的AT-AT（全地域裝甲載具），可能在某個時刻這棟建築就要復甦過來，並且開始往西前行，就像古老的東京輾壓過現代的東京一樣。東京的歷史事實上是一段衰亡的過程，也曾遭轟炸，大家應該多少都若有所聞。我和伊莉絲很喜歡十呎高凌雲閣（淺草十二階），建立於一八九〇年上野的早期摩天樓，在當地是很醒目的標的，也是這一區的象徵，直到它如年輕影星殞落，一九二三年的關東大地震震垮了這棟樓。

江戶東京博物館展出了一座縮小版凌雲閣的模型，以及其他周圍遭受波擊的建築模型。不過館內設想並不夠周全，展出的說明文字寫著「一九四一年因太平洋戰爭被炸毀的建築」。我的天啊！這時序太錯亂了吧？

做足東京歷史的功課後，我們趕緊到街上去接受相撲文化的薰陶。相撲鍋（Chanko nabe）就像所有其他火鍋一樣，是在桌上煮熟食物並共鍋品嘗的料理，用餐的人一同分配鍋中的食物。最讚的相撲鍋莫過於清燉雞肉和燉蔬菜了，煮雞肉一部分是為了均衡的營養，另一個原因是因為迷信雞是兩腳動物，如果相撲選手有一隻腳失衡就會輸掉比賽了。

兩國車站的相撲館八樓餐廳非常高級，你可以吃到五花肉、蝦、扇貝、肉丸、魚丸、香菇還有兩種相撲鍋的豆腐。我們點了兩鍋，心裡盤算這樣的份量應該夠三個大人、兩個小孩一起吃了。

那天大概攝氏32度的高溫，吃著冒煙的火鍋聽起來就像是身處地獄一般。四樓還有一間餐廳也有空調，窗外的風景是東京晴空塔，看著總武線列車在兩國車站來回穿梭，其實任何時候都適合吃相撲鍋。當火鍋上桌時，鍋內已放滿所有的食材，除了放在鮑魚殼中的肉丸泥之外。服務生用湯匙挖了一塊肉丸泥放入滾燙的湯中，他還讓伊莉絲挖最後一顆肉丸，這個體驗讓她獨佔了整盤肉丸泥，搶著把丸子丟到湯裡去。

相撲鍋最好吃的部分在最後的湯底，當所有食材的精華都釋放在裡面，湯底會變得混濁、有些油膩，大多數人都會再加米飯或麵條進去煮，但我喜歡舀一點湯直接喝。「如果你真的是一位相撲選手，你可以只喝一點點湯，然後把油脂等精華去掉嗎？」我心有所感地問道，伊莉絲說：「如果你真的是一位相撲選手，你可以做任何事，因為如果有人反對，你可以直接壓扁他。」

我們吃飽回家後，打開電視正在報導近期兩國即將要舉辦的相撲比賽，全日本的酒吧皆有轉播，也包括我們在中野的家。從來沒看過相撲比賽的伊莉絲現在對比賽完全著迷，我告訴她每一局相撲的關鍵都是最後幾秒鐘，其中一方會抓住另一方並且使之撲倒，比賽甚至是在半秒內定勝負。話說回來，有什麼運動比相撲比賽更適合訓練小孩的注意力呢？

這幾天的比賽，有很多來自西方歐洲國家的相撲選手，我們觀看的賽事甚至是愛沙尼亞與保加利亞對決。「我是這個大塊頭的後裔。」我對伊莉絲說。

「你說哪一個？」伊莉絲好奇地問，才驚覺自己也留有同樣的血液，我們很快地達成協議，決定我是愛沙尼亞的後裔，而伊莉絲則是保加利亞，原因只是因為保加利亞的優格很好吃。果然，保加利亞的相撲選手真的受到該優格品牌的贊助，他移動的時候，我們剛好看見到腰帶上的優格品牌標誌。

後來我忘了那局比賽是哪一方獲勝了，我記得自己和伊莉絲解釋如果相撲選手的腰帶掉了，就代表輸了比賽。

「我好想看到那一幕。」伊莉絲說。

我一點也不想。

日式料理傳到美國時，大多以壽喜燒為主，美國人也認定日本人只吃這道菜。一九六三年，歌手坂本九（Kyu Sakamoto）唱了一首歌「昂首向前走」（I walk looking up），其實仰著頭的他只是不願人們看見他臉上的淚。雖然姿勢上不是很合理，但旋律卻相當容易哼唱，很快地這首歌榮登當時外語歌曲的排行冠軍。

不過這首歌並不是用日文名字在美國發行，受埃利斯島（Ellis Island）的移民政策影響，這首歌重新命名為「壽喜燒」，代表在那個年代，如果你懂幾個日文的話，一定會有SUKIYAKI。

今天的壽喜燒不如以往風光了，至少在美國是這樣，在壽司風潮來臨前，仍有些喜歡嘗鮮的饕客結黨成為壽喜燒派，但壽喜燒在日本一直是很受歡迎料理。好吃的壽喜燒店內部裝潢很高級，消費也相對很高。最基本的要求是要有最好的食材，尤其是牛肉，好的肉品不可能是便宜貨，吃一次壽喜燒每人的花費很容易超過一百美元，大多數餐廳還提供多種等級的牛肉任君挑選。最低等級的牛肉比你看過的任何東西都像大理石。這些肉品就如同星巴克的分級一樣，「先生，我們最低等級的肉品就是A+。」

在我說壽喜燒其他優點之前，先告訴你伊莉絲的壽喜燒災難奇遇記。

那年是二〇一〇年，我和伊莉絲到日本京都旅行。造訪藝妓區後，我們試著找遠近馳名的鴨川跳石，但徒勞無功，於是我們穿越與鴨川平行、窄得不可思議的巷道來到一條開有幾家餐廳的小路，同時也是本區夜生活的所在地。我們很快地便被一間有壽喜燒、涮涮鍋模型展示的店家所吸引。涮涮鍋是苦行的壽喜燒，牛肉和蔬菜皆以較清淡的湯汁烹煮，佐橘醋醬或其他比較有味道的沾醬。壽喜燒傳統的沾醬則是……唉呀，連我都心急起來了。

「壽喜燒？」一位坐在轉角的女人詢問，「在五樓」，搭乘了窄小的電梯，當電梯門開啟時，眼前是一間榻榻米的包廂，可以直接欣賞到鴨川，真是好極了！我們點了壽喜燒，服務生詢問我們要不要蛋，「好啊」，我說。就如同你剛才想到的一樣，壽喜燒的沾醬是生雞蛋，我很喜歡吃壽喜燒沾蛋液，當你從滾燙的鍋中夾起一塊牛肉、高麗菜或是豆腐並放進生蛋裡，讓食物瞬間降溫，並夾帶些許半熟的蛋液送進嘴裡。就如同滑蛋歐姆蛋一樣，吃的時候要小口小口食用。日本人不怕吃生蛋，飯料理大多都會淋上甜甜的丼飯醬汁，類似用醬油、味醂炒蛋並提早起鍋，這種熟度連法國人都說是熟食了。然後再將蛋液拌著飯一起吃時……嗯～我真想再吃一次。

我本來希望服務生示範一次就好了，其它就讓我和伊莉絲自己動手完成，但是她卻把所有肉都放進鍋裡，並為我們平均分配到兩個碗裡，我們是吃了很多完全浸漬在生蛋裡的牛肉。伊莉絲看著我，好像目睹心愛的填充玩具被火燒一樣。現在我終於明白坂本九為何流淚了，於是我大口吃完這頓壽喜燒，付了錢後，便到一旁的串燒店吃下一攤，有烤雞翅、蔥燒大腿肉灑七味粉，我答應伊莉絲不要再吃壽喜燒了，我這樣對自己說，同時也相信下一次來日本時，我們會有吃壽喜燒的美好經驗，而不是此般災難。

快轉至二〇一二年，我們到了淺草，那裡有一間近一百一十年的壽喜燒老店名叫淺草今半（Asakusa Imahan），就在合羽橋附近。進門前先脫下鞋子，坐在一樓的榻榻米室等候，待我們靜下來，開始覺得放鬆後，服務生便將我們的鞋子旋轉180度，使鞋頭朝外，讓我們可以直接穿上離開。我們先吃了三道幾何形狀的開胃菜，有南瓜泥口味的魚板、章魚沙拉以及一顆梅子陪襯。隨後，服務生打開桌子中間的蓋子，放上一個淺口鐵製鍋子，並在鍋裡加上些許醬汁。壽喜燒的重點是其中的醬汁湯底，材料包含了醬油、味醂、清酒以及糖，吃起來有些甜味。其實我不太喜歡太甜的食物，但醬油料理例外，因為醬油和糖本來就是天生一對。

服務生放進一片和牛肉，這片牛肉太像大理石了，整片幾乎是白色的。她問我們要不要生蛋，這次我做好萬全準備回答：「一份給我就好，謝謝。」於是她為我們烹煮了牛肉，肉質相當軟嫩，甚至用舌頭即可劃開肉片。當我們讚嘆肉質的美味時，她開始在鍋裡放進其它食材，高麗菜、豆腐、麵筋、香菇、白瀧麵條、菊葉，以及不可或缺的蔥。牆上有著寫給旅客的標語「東京：滿是蔥的美食之旅」。

服務生為我們煮完一份之後，終於換我們自己煮了，我以為我們已經駕輕就熟了（事實上，這是很難出錯的）。就像相撲鍋或其它日式鍋類，壽喜鍋的湯底加了肉煮過變得更香，因為湯汁會變得更濃郁，並完全吸收所有食材的味道。我和伊莉絲在家裡喜歡吃壽喜燒晚餐，最後再將湯汁倒進清酒杯子裡，舉杯共飲。如果我們在餐廳這麼做，我想會引起旁人難以忍受的焦慮與嘻鬧，加上衣物上難以避免的褐色漬物，油類的醬汁需要立即換衣服以及一次浩大工程的熱水澡。

其實弄得那樣也沒什麼不好，因為日本是這世上擁有最頂級澡堂的地方。

# 澡堂時光。

在社區大學上日文課時，也就是出發前的幾個月，我們讀到一句片語「洗澡（ofuro ni hairu）」，從九州來的老師突然心生思鄉之情，她很喜歡西雅圖，但一直無法習慣沒有浴缸這件事。

泡澡在日本是一種近似癡迷的習慣，在個人浴缸發明前，人們會去家裡附近的錢湯洗澡。這種公共澡堂設有男女分開的澡池，中間以一道畫有富士山的牆隔開。所有的公共澡堂都必須在入池前，將自己從頭到腳清洗乾淨，以免散佈蝨子。

現代室內個人衛浴的普及讓澡堂的生意黯淡許多。雖然仍存在幾家，但為數越來越少了。我們在中野找到了一家，老闆在店門外張貼「度假中，店休」的字樣，就好像一家即將倒閉的餐廳外頭寫著「整修中，敬請期待！」。

澡堂的精神有部分仍存於現代家庭衛浴設備中，相不相信由你，也許有些日本人在家洗澡，也繼續奉行沖乾淨再入浴缸的習慣，有些浴室地板設計是傾斜的、容易排水。這個概念就是拿著蓮蓬頭將自己沖乾淨後再進入浴缸，接滿的熱水也可以和其他家庭成員共用，不過，實際用起來卻有一些心理障礙，尤其是最後一個入浴的人一旁回想這池水有哪些人用過了。我曾試著先沖洗自己，但無法不噴溼一旁的乾毛巾以及衛浴設備。

現今形式上的公共澡堂大概就是去泡溫泉了，或是旅館附設的公用浴池。我們在上野的旅館頂樓就設有一對大的木製澡盆，每隔一段時間會更換使用性別，讓每個房客都有機會欣賞到淺草寺及晴空塔的美景。但水溫有時很舒適，有時卻燙到可以煮熟一隻龍蝦。

我們想體驗典型的日式熱水澡，於是便搭乘新幹線來到箱根站。這麼說真是過於簡化這段旅行了，箱根是一個很大的渡假勝地，就在富士山周邊國家公園附近，來回的車程就超過一半的遊玩樂趣。箱根的旅客大部分都隨以下交通方式而來：

- 搭乘新幹線（或是同業的小田急浪漫特快（Romancecar），車速較慢但便宜而且名字比較好聽）
- 箱根登山鐵道

・箱根空中纜車
・箱根索道
・觀光船
・巴士

這不是週末度假的輕鬆旅程，而是〇〇七電影。我們去的那天，空中纜車及觀光船因為下雨停駛，我說，下次再來吧，誰想錯過觀光船呢？

「都來了，就去看看呀！」洛莉說。於是我們便搭上箱根登山鐵道鋼索線（Hakone Tozan line），這是只有兩節車廂、紅色車身的火車，沿著軌道攀爬四百四十五公尺高的山，兩旁開滿繡球花。有鑑於箱根循環交通系統，以及該區獨享的旅遊勝地之名，離東京只有一小時車程，我滿心期待的是迪士尼等級的人群和禮品店，不過那天卻是雨天。就像爬陡坡的登山之旅，火車車軌發出嘎嘎響聲，進了站，車掌下車走完整條車廂，說明我們可以搭乘同一列車返回。

終點站強羅小鎮，我們吃了蕎麥麵當午餐，隨後搭上纜車。我從來沒有搭過纜車，所以真的找不到其他比「有趣」更貼切的形容詞了。纜車是一種慢速的電車，為了克服火車無法穿越的陡峭山坡而設置的交通工具，如果把纜車放在平地上，看起來還是往前傾的。

我們穿越一個小山丘後，看到一則旅館廣告，便立即下了車。箱根每一間旅館都有提供非住房的遊客付費泡湯的服務。除了接待櫃檯的女人，這間旅館看起來真像是恐怖電影的場景，我詢問是否有提供非房客泡湯，她也回答有，但是……隨即打開一本筆記本，拿出一支筆畫出雨水落入池水中的圖畫。「喔不用了」，我們說。我沒有問這個地方是不是鬼屋，或是否是諾曼貝茲（Norman Bates）所經營，但我想必是兩者之一。

溫泉分為男女池，其下再分為室內及室外池。室外池的設計如牧人哼唱的歌曲般，一旁有些石頭，有著在冷天泡溫泉的愜意感，雖然下著小雨，卻還是很享受，雨天真該另外計費。由於沒有其他人使用溫泉，我們就可以隔空對話，像是「欸，爸，你室內池那裡有石橋嗎？」「有阿！」「那你室外池有一顆大石頭在池中央嗎？」「你那池是鬧鬼嗎？」（我後來和一位朋友Akira聊天，他問我有沒有在雨天泡過溫泉，我便分享箱根的那趟旅行，他笑著說自己也很愛雨天泡湯！）

回程下山的路途中，我們在箱根的戶外博物館下車，這是座雕塑的花園，裡面擺設很多不能攀爬的雕刻品，有一個巨型的落雨雕刻（Woods of Net）叫網夢之森（Woods of Net），孩童（老骨頭不能同享）從底部進入洞穴後會開始迷路，伊莉絲花了一小時探索每一個裂縫，還唱了一首歌「把孩子放在麻袋裡丟下逃走不要回頭」。

我們最後搭上小火車，車上滿是穿著合身制服的女學生，她們厚重的書包占滿了行李架。如果火車上都是填充玩偶，伊莉絲會更加開心，她讓自已坐在兩個女學生中間，和她們開始玩起男生女生配，並且快速地用日語、英語及即興發揮的語言溝通。二十分鐘後，是時候說莎喲那拉道別了，她們三人離情依依地給了六個擁抱。我心想，老天，這裡有這麼多女學生，有人真的會注意到我們帶走兩位女孩回美國，做伊莉絲的大姊姊嗎？

我問了伊莉絲剛剛和她們在聊些什麼。「沒什麼啦，就是討論一些喜歡和不喜歡的東西。」「比如說？」「很平凡的東西啦，貓啦、飛機啦還有蛇。」她聳聳肩答道。

其實不一定要離開東京才找的到好的泡湯地點，像是位於東京島灣的溫泉主題公園「大江戶溫泉物語」（Oedo Onsen Monogatari），我知道我說過很多次了，但假設東京有一個地方滿是觀光人潮（除了東京迪士尼），那麼你就該去那裡看一看。

對不想走太遠或是沒有太多泡湯經驗的人來說，大江戶溫泉物語是個不錯的選擇，那裡有很多英語標示，內部還有許多古老東京的裝飾藝術品。先在櫃檯簽到並選一件浴衣（yukata，夏季的和服）後，就得穿著這件浴衣到處走動了，把所有世界的喧囂和煩憂都拋在置物櫃裡，戴上一支可以追蹤貴重物品的電子手環，就好像和麵條一起被軟禁似的。

到浴池前，我和洛莉、伊莉絲先去了一趟美食廣場飽餐一頓。我喜歡美食街，不是因為那裡的食物特別好吃（雖然它比美國的美食街好吃十七倍），而是因為在那裡可以看見日本人飲食生活的縮影。那裡有三家麵店（烏龍麵、蕎麥麵和拉麵）、一家壽司店、一家賣水果聖代和年糕餃子的小吃攤，以及一間以飯食為主的韓式料理店。我毫不猶豫選了韓式料理點，點了石鍋拌飯，洛莉和伊莉絲則吃了拉麵和餃子，點餐後我們穿著浴衣一起在美食街廣場的中心吃飯。

因為浴衣吸引了許多從來沒穿過的外國觀光客，才能在那裡的衣櫃裡看到那些過時的浴衣。大多數的旅客比較像是年長的比利時人，而非時尚的珍妮・傑克森。但我對自己做的蠢事感到羞愧，一般人在裡面會再穿上內衣，而在有性別區分的場所，不能使用毛巾以外的衣物。如果在網路上搜尋溫泉物語的話，應該會看到美國旅客抱怨著為什麼不能全裸入浴，總得想想裡面孩子們嘛！

吃過午餐後，我們先去溫泉魚SPA。溫泉魚SPA是一種皮膚療法，把腳放進一池淺水裡，那裡有很多魚醫生（Garra rufa）幫你咬去腳上的老廢角質。這在美國境內大多是違法的，因為衛生單位認為共用一群魚類和共用未經消毒的紋身針一樣。我發現這麼說有道理，我們的確是和一群陌生人共用一群魚醫生。

終於到泡湯時間了。在我的觀念裡，文化教養就是避免穿著濕襪子，因此我在置物櫃放了一雙乾爽的襪子，但當我裸著身子大步前往男湯時，才發現根本沒必要。有一台投幣機販賣襪子、內褲、牙刷還有其他衛生用品。在踏入浴池前，我用了一個為此而設計的熱水桶從頭到腳沖洗過，但不知道該洗幾次才能結束這看起來越來越像鬧劇的程序。

溫泉物語提供多樣室內和戶外的澡池選擇，分成不同溫度和主題，像是渦流湯（在特定季節是比利時佬最愛聚集的湯類）、冷湯、聲稱對皮膚有益的礦物湯，包含牛奶浴。我走到戶外澡池，把毛巾綁在頭上，靠在一顆石頭上歇息，閉上了眼睛，臉上掛著招牌幸福微笑，很快地意識到存在眼前的挑戰，真正要完全享受在其中，四周應該都是想交談或是能夠談心的人，我卻一個也沒有。於是我匆匆的試了幾個浴池後，便吃了一些香草冰淇淋、餃子和軟糖。

伊莉絲和洛莉則在那裡消磨了一個下午的悠閒，後來洛莉面無表情地走出澡池，說道：「我想女湯的布景應該比男湯精緻吧。」

「我想我認同。」我說。據指出，戶外女湯有大水桶可以入浴，大小剛好適合一個成人或母親帶小孩。也就是說，和十幾個裸體的女人在一處。

# 餃子和小籠包。

早在伊莉絲未滿一歲時，我咬碎煎餃給她嘗過後，就成了她最愛吃的食物。所謂的煎餃（gyōza、鍋貼、potsticker，隨你怎麼稱呼），是我心中最完美的食物。我在家會自製豬肉、白菜、薑絲和蔥的餡料包煎餃，再加上自己特製的亞洲醬料。我的朋友茉莉有次看到我的冰箱後，說像極了亞洲超市，我以此為最高榮譽。

回到西雅圖後，我和伊莉絲開始搜查餃子館。我們不是特別挑嘴，但我們吃過一些餃子裡摻雜一些碎蓮藕。我們常在西雅圖的中國城某家四川餐廳吃餃子，二十顆五美元，外帶會包在紙袋中，回家再煎一下就可以吃了。雖然伊莉絲也自認為是綠色蔬菜絕緣體（伊莉絲指正我：「事實上，我是所有蔬菜的絕緣體」），但她可以吃下和自己相當重量的白菜餃子。

我必須語重心長地說，東京的餃子非常不好吃，其實我早該知道了，因為

《美味大挑戰》就曾有一回在探討這個問題，對於垃圾食物，山岡比我還挑剔。論及餃子，他說的沒錯，不同於便宜的麵條、冰淇淋或超商賣的咖哩飯，大部分東京的煎餃都不值得嘗試。餡料吃起來無味，蒜味太重，煎熟的程度又不一。

然而，沒魚蝦也好，有時候我還是會點一盤煎餃配拉麵，只因為我希望它出現在我的餐點中，但是，每次在東京吃煎餃都會讓我有極大的厭煩及碎念：「我在家做的絕對比這個好吃！」相信我，我不常在東京說這句話（伊莉絲算是能認同我的觀點，我自製的餃子真的很好吃，但她不會像我這樣貶低東京的餃子，她目前還沒遇到不喜歡吃的餃子。）我在離東京一小時車程的地方吃到最難吃的煎餃，而最好吃的煎餃卻離我們現在住的公寓僅十分鐘路程。

那回《美味大挑戰》的主題是「拉麵和煎餃」，山岡和其他人被指派了一個任務，要幫助一個寂寞的煎餃師傅找到新食譜和新歡。在找尋的過程中，他們到了一間號稱有一百種菜色的餃子館（順帶一提，日本餐廳可愛的地方在於他們會把「連鎖店」三個字特別放在店名裡，像是花の餃子連鎖店）。煎餃裡的餡有蒜味味噌、煙燻鮭魚及中式烤豬肉，連挑嘴的山岡都稱讚這間餐館的餃子。

這個地方真的存在嗎？大概吧。某個酷熱的一天，我們在一間標榜有七十四種菜色的餃子館用餐，裡面的餡料大部分都在《美味大挑戰》漫畫中出現過，只是這間餐廳並不在東京。

宇都宮是個平凡的城市，人口大約只有東京的一半，位於東京北方搭東北新幹線約需一小時車程的地方。沒有特別知名的觀光景點，大多外國旅客來到這裡是為了日光這座美麗的山城。幾年前，宇都宮想要振興觀光，因此官員們開始挖掘這座城市的賣點，在研讀官方統計數字後，發現當地居民吃的煎餃比日本其他城市還要多，「好極了！就讓全世界都認識我們這座煎餃之都吧！」官員們大讚道。

因此，九〇年代初期，宇都宮就以煎餃發展成美食之都，這並不是一則笑話。這個城市有一座維納斯從煎餃包裝袋中出來的雕像，這還只是其中一個以餃子為主題的雕像，整個市區到處都有餃子頭的吉祥物。餃子風潮從車站開始蔓延，紀念品專賣店裡有煎餃娃娃、冰雪奇緣煎餃、煎餃相關書籍。觀光局的海報上畫有三十九種本市著名的餃子，香脆的一面還要朝上（我特別喜歡有些煎餃香脆的那一面長長地蓋住餃子本身的樣子，就像一條裙擺一樣）。

於是我們計畫要去宇都宮餃子之都走走，但出了車站感受到外頭攝氏33度高溫的天氣時，便立刻放棄這個念頭，找了一間標榜有七十四種菜色的餃子館用餐，其中包括有優格、咖啡、茶、巧克力、豬肝、年糕、魷魚、章魚、香腸、咖哩和鯨魚。可以點滿滿一整盤愛吃的菜色，或是各式各樣皆有的嘗鮮盤，我們則點了嘗鮮盤（不包含鯨魚），再點了一份豬肉煎餃當作定心丸。

煎餃上桌時沒有標籤，我們只能用肉眼認出這盤是餃子，鹽漬的魚卵和咖哩很容易辨認，就像香腸一樣，把嘗鮮盤吃得精光後，我們加點一份Yuba煎餃，餡料裡有豆皮，這是我和伊莉絲最喜歡在家做的餡料。我深入餃子內餡發現有豬肉餡及豆皮，雖然沒有新鮮的豆皮，但是餃子很好吃。

沒吃到鯨魚、優格或是多力多滋口味的煎餃，我並不會感到失望，但唯一後悔的就是沒吃到巧克力口味的煎餃！

我最喜歡的一本美食隨筆是約翰・阿勒盟（John Allemang）的《午餐的重要性》（The Importance of Lunch），書中提到他愛上希臘餐點改良的果仁蜜餅（baklava）配上巧克力豆，阿勒盟喜愛巧克力的程度不亞於其他美食後進之輩，但我們真的有必要在每一樣食物裡都加巧克力嗎？

我第一次想到這件趣事，是在中野的一家湯包館吃午餐的時候，這間餐館名稱英文直譯是「上海孫女的湯包」，是間很小、上菜速度很快的餐廳，我通常都簡稱為GSD（Granddaughter's Shanghai Grilled Soup Dumplings）。

湯包有點像是一種工程奇蹟，中文叫做小籠包，shōronpō，伊莉絲則稱它是「soupies」。湯包的外皮柔軟，內餡有切碎的豬肉或蟹肉，混和的餡料因為肉汁解凍蒸熟的過程而變成湯汁，因此吃湯包是需要練習的，如果整顆塞進嘴裡會燙到舌頭，如果咬錯位置就會看到湯汁濺到膝蓋上。

我在GSD想到阿勒盟的話，是因這間餐館也會煎湯包。蒸熟的湯包已經是最美好的食物了，有必要再煎一次嗎？

這個疑問很快地得到解答，是的，就是有必要。煎過的湯包不僅較大顆，看起來也較蒸的湯包親切，配上熱湯更美味。不，這樣說太低調了，我要以對湯包心花怒放的姿態向世界宣告：「煎的湯包真是棒呆了。」

湯包以四個為一盤上桌，對一個成人和一個八歲正在成長的孩子來說，份量剛好。上頭撒了一些芝麻和蔥花，可以沾醬油、黑醋或辣油吃，但我覺得其實根本不用沾醬。就像一片披薩，一顆湯包是完整的一個麵糰，只要用湯匙舀起，用筷子戳破它，先吸掉一口湯汁，只是無論你吸出多少湯汁，湯包裡還是不斷湧出湯汁，你會再繼續吸一口，直到吃掉整顆湯包為止。

除了兩個女人，我們在GSD沒看過其他店員，其中一人不斷地包湯包，另一個則守著蒸籠不斷出爐。每個蒸籠看起來都像是蒙古烤肉餐廳會出現的器具，最上面則有一個木蓋可以疏散蒸籠裡的熱氣。

其他客人大多是點一份午餐湯包定食配一碗粥，我們初次造訪時就注意到牆上菜單的小黃瓜照片，之後便成為我們的必點餐點了。一位店員會將小黃瓜壓碎後加鹽及生蒜頭拌勻。沒多久之後，我便在鄧洛普（Fuchsia Dunlop）的食譜書上看到這份眼熟的菜單，她稱做「轟炸小黃瓜」，即是字面上的意思，碎了即可食用。

也許是我太多管閒事了，但如果GSD來西雅圖開餐館，很快就會打開知名度，而且迅速榮登當地居民的十大美食排行。在東京它不過是間小小的湯包館，在網站上有一些平凡的評價罷了。

# 大阪燒。

「如果服務生要為你煎大阪燒，就讓他來吧！這比看起來還要困難。」——羅伯・撒特懷特（Robb Satterwhite）《日本餐廳二三事》

我們的服務生並沒有為我們服務，但這並不打緊，我們來吃大阪燒其實只是為了讓文化之旅不至於失焦，不過大阪燒也沒讓人失望。

我們選的這間大阪燒餐廳叫做企鵝村（Penginmura），真是令人費解的店名。餐廳的外觀畫有漂亮的壁畫，牆上是一隻眨眼的企鵝拿著一支鍋鏟，像在對船上的同胞搖旗吶喊就要靠岸了，而其中一隻生還的企鵝就是船長。這間餐館裡有一位高挑壯碩的迷人男子，長得就像電影《驚爆點》中的派屈克・史威茲（Patrick Swayze），店裡還有一些紀念日本摔角選手的擺飾。日本職業摔角結合了霍克・霍肯（Hulk Hogan）和墨西哥摔角面具，你可以想見就像美國職業摔角結合西洋棋一般突兀。

同理可證，大阪燒對上美國鬆餅，就如同日本摔角對上美國摔角。基本麵糰都有麵粉、水、山藥泥（又是黏糊糊的東西）還有高麗菜絲。將麵糊倒在煎台上後，再放上食材。雖然不太清楚點菜的方式，但我們列出了想吃的食材，像是烏賊、章魚、蔥花、薑，最後再為我們切成兩份大阪燒。服務生為我們端上兩大碗麵糊及兩支鍋鏟後，便讓我們自己解決了。每當我們用錯方法時，都會聽到他大口吸氣的聲音（這在日本很常見，至少在我的認知中），然後親自幫我們服務；每當我們用對方法時，他就會立即豎起大拇指，猶如一個認證一樣地肯定我們。

如今，我已經可以自己做兩份大阪燒，並被大阪燒協會認可。如果大阪燒的材料有豬五花的話，要先擺在一旁，最後再下鍋，不能和其他食材混在一起，建議先把其他食材拌在一起。做法是倒一些油在煎台上，用鍋鏟將油均勻地鋪開，倒下麵糊並集中塑型成煎餅的樣子，大約一點五到二公分厚，如果材料中有肉絲的話，要放在食材的最上方，就像做培根肉捲一樣。

然後等一等，等一等，再等一等。如果蛋液從大阪燒的邊緣滲出時，要把它推回去；一面大阪燒大概需要煎五分鐘，不過有時是十分鐘或三十分鐘，如果不是餓到可以喝掉生麵糊的話，還是等它熟吧。等到底部變成褐色時，用兩支鍋鏟放在兩邊並快速翻面，然後再等一等。當大阪燒中心看起來已經熟透了，肉絲已經香脆時，再把它切成方形並且加上大阪燒醬、美乃滋、海苔還有柴魚。如果沒有大阪燒醬，也可以用章魚燒醬（takoyaki sauce）取代。好啦，開個玩笑，是豬排醬（tonkatsu sauce）啦。

伊莉絲這個小女孩從來不吃看得見的高麗菜，生的或熟的都難逃法眼，但她卻愛企鵝村裡的食物，一人可以吃掉四大塊大阪燒。大阪燒雖然不算是我在日本吃到最好吃的食物，但它確實是個獨一無二的美食經驗。如果你還沒嘗過，那麼你應該也沒吃過類似的食物。這道美食相當便宜，我們點了超過原定的份量，三人的晚餐依然只要十五美元。

後來有一位老先生走進來到櫃檯後面，看起來像是日本史威茲的老闆。根據洛莉的想像對白，這位老闆向史威茲說：「我大概會離開一小時，但你不要擔心，現在還很早，不會有人進來的，就算有人進來用餐，那又如何？反正他們都可以自己做呀。」然後從三個不曾來過大阪燒店的美國人身旁走過。

# 居酒屋。

據我所知，贈送比目魚不算是日本傳統文化中好客的禮儀，但我們隔壁兩桌的人還是這樣禮待對方。要解釋送魚的禮儀，我必須先做點功課並且介紹一下何謂居酒屋，這項禮儀又為何如此重要。

當我和伊莉絲從日本回到家後，我們很自然地花了數小時和洛莉分享所有去過的地方以及好吃的美食。「有一條河畔的居酒屋賣烤雞屁股。」我說。

「我們昨天就在那間居酒屋吃了火腿炸丸子。」伊莉絲興奮地補充道。

我們開始滔滔不絕地說起幾間居酒屋，直到洛莉說：「等等，你們真的去了這麼多間酒館還是隨便說說？」

我們真的去了很多間酒吧，居酒屋其實不是美國俗稱的酒吧，相應於日本文化，稱為「酒食小館」（gastropub）比較貼切，雖然英文讀起來像一種疾病。

簡而言之，居酒屋是個嘈雜、氣氛活絡的社交場所，有酒飲也有多樣的下酒菜。相較於日式料理店專注於一道菜的精神，居酒屋是唯一的例外，居酒屋的菜單上有上百道菜非常正常。

舉我們家樓下、Life超市對面的這間居酒屋為例。這裡我只提一次店名就好，以免你多花時間去搜尋——「第二力酒藏」（Dainichikarashuz　）。當然啦，招牌是用漢字寫的，但我得老實告訴你，這間店名的漢字是挑戰日文程度的最佳考題。菜單通常是寫在一系列的木板上並懸掛在牆上，就像在中式餐廳要點招牌菜一樣。

其實你也可以去一些像つぼ八（Tsubohachi）的連鎖店，在那裡可以輕鬆克服語言障礙，因為店家的菜單一定有圖片。不過，在任何一間居酒屋，你跟隔壁桌點一樣的菜就可以，就和送魚道地傳統一樣，我也在幾分鐘內就入境隨俗了。

之前我們經過這間店很多次，有兩個特點令人印象深刻，第一，窗戶上懸掛一排魚頭和貝殼，品種是之前從沒見過的，像是筆殼，看起來像是有腳的蚌（想知道大家為什麼叫我筆殼（Pen Shell）嗎？）；第二，門開啟時總會飄出烹煮海鮮的香味，實際上是店內堆放了許多魚屍體，此外，我們還發現早上有築地魚市場的配送員會來這裡。

因此，我們決定在這裡吃晚餐，我現在已經看得懂日文菜單和標示的料理方式了，我想我已經有實力挑戰居酒屋的菜單了。但是，可以讀懂烏龍麵店菜單的能力，並無法讓我能如預期地分辨出居酒屋中多樣的魚貝類料理，甚至寫英文我也未必知道。我因此感到驚慌失措，甚至忘了在居酒屋最重要的四個字「來杯啤酒」要怎麼說。

當我正在和菜單搏鬥時，隔壁桌一位英俊的中年男子親切地過來幫忙。「你喜歡生魚片？料理過的魚？還是壽司？」說了一口流利的英文，他從沖繩來，是國際扶輪社的社員。我對扶輪社沒有半點了解，只知道是服務性質的機構，幫助一位喝醉了的外國人點菜也是一項善舉。好人鄰居為我們點了一份香魚壽司、沙鮻天婦羅及一份奶油炒扇貝。我努力記起《美味大挑戰》漫畫中介紹過的食物，因此再點了一份烤香魚，還有吃起來有點哈密瓜味的季節甜點。

我們開始吃壽司時，服務生端來一份肥美的蒸比目魚，淋上醬油、味醂和幾塊嫩豆腐。「隔壁先生請客。」服務生指的救是剛才那位扶輪社的大善人。我們回贈他一大杯啤酒招待他和他的朋友（他的朋友還過來向我們道謝，獻上深深地一鞠躬）。假設一對帶著孩子、感到困惑的外國人不知道如何回禮，該如何是好？會有其他人回送一隻魚嗎？我得說帶小孩來居酒屋是很不尋常的，但也不會令人難以接受；此外，也不是每一間居酒屋都允許帶小孩入內。我聽說有些居酒屋比較封閉，不歡迎不尋常的事入內，和國籍無關，但我並沒有碰到類似的狀況。

那麼，食物好吃嗎？我們在美國很常吃海鮮，不過在西雅圖，大多都是冷凍海鮮，鮮少有新鮮的。但我們家附近的這間居酒屋賣的海鮮都是活海鮮，比目魚就是個很好的例子，清蒸並用淡淡的調味，在盤中擺一些豆腐陪襯，聽起來不像是會令人深刻懷念的一道菜，但它確實是。此外，奶油炒扇貝像是在新英格蘭海邊旁的食物，這道菜搭配高麗菜、番茄沙拉以及美乃滋食用，扇貝烹煮得恰到好處，是我吃過最好吃的扇貝！

這間居酒屋很特別也不特別，沒有人為了這間居酒屋特別來到中野，但附近卻沒有比這間居酒屋更好吃的海鮮了！這個默默無名的東京小角落，很可能在美國會一躍成為頂級海鮮餐廳。

為了更深入了解居酒屋，我見了《居酒屋》一書的作者馬克・羅賓森（Mark Robinson），這本書像極了食譜，內容多半是食譜和美食照片。但不要小看《居酒屋》這本書，書中介紹的八間東京居酒屋，都令我深深著迷不可自拔。與其去實際上任何一間日本以外的偽居酒屋，你會更想要透過馬克的書來深入了解它。

馬克和我約在文字燒美食街（Monja Street），在東京東南方的月島（Tsukishima）。月島文字燒（Monjayaki）是東京區獨有的御好燒（okonomiyaki），有點像薄一點又硬一些的鬆餅，而文字美食燒街有相當多的御好燒店可任君挑選。「我討厭文字燒。」馬克說，「不過就是黏稠的鬆餅嘛。」說著，我們走過大阪燒社區，那裡可以買到一件印有超大阪燒的T恤。

我們在文字燒美食街走完了一個巷弄，大概經過三十七家文字燒餐廳，最後在岸田屋（Kishidaya）停下腳步，「我想在書中加上這間餐廳，但是他們拒絕我了，老闆娘很漂亮。」馬克說。

岸田屋像是一間混亂的餐廳，有四張長桌和一些零散的小桌子，這間店是續攤場所，馬克幫我斟了一杯清酒。四十歲的帥馬克有一半日本血統，他和美麗的老闆娘輕鬆地聊了幾句。

日本在國際上有「玻璃天幕」的名號，我聽過一些住在日本的外國人說，即使住在日本很多年了，還是覺得日本人很有距離感。你很容易在網路上找到有共鳴的酸民們說：「日本真是旅遊的好地方，但當我遷居後，那些很有禮貌的爪子就出現了。」我問馬克有沒有認識住在日本超過二十年的外國人，他們是不是也有同樣的感受，「我喜歡當一位旁觀者。」馬克回答。他在日本放送協會（NHK）做翻譯員，常因處理日本官方不能公開表達的方式感到挫折，是日本人聽了就懂、卻不能明說的事物，然而，旁觀者卻能盡其所言。有幾次別人問馬克待在日本多久了，他可以很輕鬆直接回答「二十五年了」，也十分習慣旁人對他流利的日文感到驚奇的讚嘆（我也喜歡當別人問我待在日本多久了，這讓我覺得自己的日文程度比一般觀光客好而感到自豪。）

上菜時，我們換了一個比較輕鬆的話題，像是擺在我們面前的豐富菜色。不同於中野的那間居酒屋，這間店不是海鮮料理專家（但他們仍有許多不錯的魚料理），馬克點的菜比較鹹且重口味，這是為了配酒的緣故。我們點了nuta（ぬた），一種甜味噌蔬菜沙拉，內含土當歸（udo），口感很有彈性的白色植物。

世界各地的人都一樣，日本人也會因為你說喜歡他們與眾不同的食物感到開心，因此，當Akira和Emi知道我愛吃土當歸和海蘊（mozuku）時，他們感到十分欣慰。海蘊是一種用醋調味的海藻，配清酒超極美味，吃的技巧是拿起筷子夾一部分的海藻食用，不要一整塊夾起來吃，但不會有人看到我吃海蘊就問我來日本多久了，因為答案顯而易見——十二秒！

我們還吃薑，將上頭的梗和軟嫩根莖部分沾味噌食用，而醃蕗蕎（rakky　）則是可以用來證明自己是「大實驗家」的好食材。還有浸物（ohitashi），一種有菠菜、醬油及一些柴魚片的配菜。

「這就是有名的居酒屋番茄嗎？」我指著牆上用片假名寫著tomato的菜名問道。我從馬克的書裡得知這道菜，是夏季的料理，一種將熟番茄切片後灑上鹽或奶油的料理，有時兩種都加。

「你說的沒錯。」馬克回答，「要試試看嗎？」我一直都不喜歡吃生番茄，就算是好吃的番茄也一樣，不過當你被東京酷熱濕黏的夏夜折磨時，沒有比吃這道菜更幸福的事了。

廚師們開始準備番茄、炒牛肉豆腐以及烤沙丁魚，馬克問我要不要續攤，那時我正打算道晚安，然後跳上捷運回到遠在天邊的中野了。

當然，我喝完一整（小）罐清酒後，腦子卻如黏稠的鬆餅一樣，茫了。我們搭一小段大江戶線到一間主打生魚片的居酒屋魚新（Uoshin）。樓上的吧檯有位子，整間店的各個角落都有圍著白袍、佩刀和木砧板的廚師，隨時準備切生魚片的樣子。我們點了一些嚴選生魚片後，馬克這位顯然和眾多廚師一樣有無限食慾的日本人開始點熟食，烤魷魚腳（gesoyaki，也是我喜歡的料理之一）、玉子燒以及照燒紅鮒（yellowtail teriyaki）。每道菜都非常好吃，特別是照燒紅鮒。

點完菜，馬克轉向坐在隔壁的兩位小姐攀談，比較年輕的小姐是東京人，另一位看起來比較年長的則是從外地來的，她們正在看一本關於寺廟和神社的旅遊書。我聽不太懂對話的內容，但有時她們和我說的話我就聽得懂。

「他們為戰爭感到很抱歉。」馬克解釋道。

不是已經接受歉意了嗎？年輕的小姐問我為什麼喜歡日本，我總是回「這是我最棒的旅行」，一天用了無數次，卻不是日本人會選擇的回應方式。表達是很重要的，對日本人而言，沉默的讚美要比浮誇的驚嘆更容易被接受（要表達憎惡時，日本人會選擇用「這不是我最喜歡的」做無懈可擊的回應）。

我發現那本旅遊書的封面是我去過的神社，我心想這個話題我可以談談看。「這是伏見稻禾大社吧？」這不就是我和伊莉絲去的京的那間神社嗎？我們還在那裡吃了烏龍麵。

但她們並不清楚到底是不是那間神社，就繼續翻書查找，果然我想的沒錯，她們便要我收下那本旅遊書。我因此被強迫了解日本人的生活原則，千萬不要說你喜歡誰手上的什麼東西，他們會用盡各種方法餽贈給你。當伊莉絲和朋友們在遊戲場玩的時候，不小心掉進泥土坑中，那位朋友的母親隨即送了一套自己女兒的乾淨衣服到家裡來，即使我們可能不會再見面了。洛莉當時婉拒了那位母親，不過我不知道她怎麼辦到的。

我在Akira面前誇口自己可以津津有味地吃土當歸和海蘊，大概也讓他留下深刻的印象，因為幾天後他邀請我去大江戶車站對面的沖繩餐廳吃飯。沖繩是九州熱帶島嶼之一，曾是美國主要軍事基地，因此食物有些西化（隨處可見美軍，就像垃圾郵件一樣無法抵擋）。東京有許多與沖繩相關的文化和食物，我想這和忙碌的東京人嚮往島嶼生活有莫大的關係，假設夏威夷太遠了，至少還可以去沖繩。有個週末，中野區到處都是沖繩文化祭的活動，有舞蹈、鼓樂，Akira雖然不是沖繩人，卻是沖繩舞蹈團的一員。我們便約在那間餐廳吃飯。

沖繩料理很特別……我想說的是，和「本島」的食物非常不同，好像日本每一個地方都能被稱作是本島似的。任何認為日本料理很有挑戰的人，都會對它感到安心，然後被吸引去吃沖繩料理，吃起來的確挺不賴的，因為我們也喝多了。

「你在喝什麼？」我問。

「啤酒阿，當然是啤酒！」Akira回道。

我們點了很多主廚推薦的沖繩料理，包含最有名的苦瓜炒豬肉豆腐（goya champuru）。苦瓜很苦但吃起來很甜，越吃越甜！我很喜歡。我們也吃了umi budō，也稱為海葡萄，看起來像是高級的香檳葡萄，但其實是一種海藻，半透明球體吃起來像魚子醬一樣。沖繩料理有豐盛的海鮮，多得讓日本其他地區都患了海藻恐懼症。除了海葡萄，我們也吃了很多海蘊，這次是炸成天婦羅上桌的海蘊，量多得像是陽光底下的一整塊草原。

隨後Akira的朋友Riku和Eddie加入我們，這兩位朋友也考驗了我的日文程度。Akira說了一口流利的英文，同時也扮演了重要的日文糾察隊，因為我常常說日文說累了就轉回母語了。「Gambatte，Matthew-san!」（加油啊，馬修先生！）他會說：「你辦得到的！」我設法了解他們說的內容，Riku曾經去過西雅圖，而沉默的Eddie則是吉他手，他們和Akira都在玩樂團。但我想吉他的弦音比我說的日文更傳神。

我們又點了很多食物，有麵食、沙拉、炸薯條配番茄醬，還有pō-pō，一種餅皮捲味噌和絞肉。當我們開始喝沖繩威士忌泡盛（awamori）時，我的日文一點進展都沒有，我好幾次說了十幾個單詞，到最後都不成句。

我對居酒屋唯一的抱怨就是室內不禁菸，西雅圖的酒館和餐廳禁止室內吸菸已行之多年，身處在這吞雲吐霧之間，我感覺自己像是個菸草文明的背叛者，但我也不為此感到自豪，因為東京的街上大部分都禁菸。

# 章魚燒大事記。

原宿的代代木公園一直是cosplay的勝地，他們通常會在週日聚集，但我們去的那天是下雨天，因此沒看到穿著哥德式蘿莉裝或其他特殊造型的達人們；咖啡店店員說因為這場雨他們都走了，只要特別是好天氣的時候，來cosplay的人數就會明顯增多。不過，最流行的cosplay服裝風格並不是裝扮成一棵樹或是《馬克白》裡的角色。

我們確實曾在七夕找過許願樹許願，Tanabata（七夕）是日本的夏日祭典，人們會在小紙條上寫下願望並繫在竹子上，然後到了冬天，聖誕老人就會來……，這好像是西方的節日。

伊莉絲不常有實際的願望（她常常想在坑中撿到不義之財），這次卻在紙條上寫下「伊莉絲愛章魚燒」，而這個願望就不斷不斷地實現。

## I

Takoyaki就是章魚丸子，不過請放心，它不是一種解剖的概念，而是在球形的麵糰中包著一塊煮過的章魚，放在半圓形的特殊烤盤上烤熟。如果你知道丹麥著名甜點Æbleskiver（金蘋玫）的話，章魚燒的外觀就跟它一樣，連烤盤都很像。

美國通常吃不到章魚燒，但在文化交流的宴會就有機會吃到。伊莉絲是章魚燒愛好者，而我更讚賞章魚燒的美學。章魚燒通常用紙盒或木盒盛裝，上頭淋上美乃滋、柴魚片、蔥末以及章魚燒醬。

這種擺盤真是美極了。有位朋友幫我和伊莉絲從日本進口商店買了章魚燒攤販的模型材料，我們小心翼翼地將黏土捏成小小的章魚燒形狀，一旁還有假的章魚燒烤盤。當有人來家裡做客時，伊莉絲就會自信滿滿地帶朋友們去書櫃上看這組作品，並說：「這是我們做的章魚燒模型！」

「做得太精美了！」但朋友說，「什麼是章魚燒？」

每當我提起「章魚燒」時，人們總是會露出相當困惑的表情，屢試不爽，而我也樂在其中。章魚燒有現做的，也可以在宇和島屋（Uwajimaya）買到冷凍食品。其實只不過是麵糰中包著一塊有嚼勁、軟體動物的肉的食物罷了。

我是這樣想的。

II

還記得我一開始談過從中野車站走到太陽購物中心後，再往右走會看到的築地銀嗎？這次我們就在這裡吃午餐。

築地銀是連鎖餐廳，東京其他地方也有分店（奇怪的是，這是日本少數有得來速車道的餐廳，但不在東京市區，他們提供的食物是熱乎乎的，麵糰也淋上了醬汁，和刀具店的得來速一樣安全。）

在築地銀吃飯時，一定要花點時間觀察師父如何做章魚燒，因為這是場值得觀賞的免費表演。店裡有工業規模的章魚燒烤盤，大概一次可以煎十幾個章魚燒，每一顆的半徑約是二點五公分。師傅先在烤盤上塗上植物油，放入一塊麵糰填平後，然後在整個烤盤上灑蔥末、薑以及大塊的章魚塊，有些築地銀店的章魚腳還長達五公分。師傅會在烤盤上不斷翻轉球體直至熟透。

說到這裡，步驟聽起來好像很瑣碎，但不久就可以看到師傅拿出肉串來，和沙威瑪相同的竹籤，她開始使用修長的削肉刀將削下的肉塑成球形。不知道怎麼完成的，只花了短短一兩分鐘就完成一串章魚燒。

吃一次章魚燒的花費約五佰日圓，其中還包含了一個木盒，可以帶回家當小物的盒子，只要醬汁淋得不多。吃一口築地銀章魚燒嘴裡滿是香氣，有蔥花、薑絲，以及外酥內軟的口感，但要小心燙口，章魚燒裡面的熱度會讓人忘了要吹涼再入口。

## III

我們在東京灣的人工島台場待了一整天，台場是我在東京最不喜歡的區域之一。難搞老爸提醒您，這裡鳥不生蛋，不過是一個購物中心的集中地。

但伊莉絲喜歡台場，我們在那裡做了幾件讓她感到開心的事，像是坐摩天輪（我怕高）、碰碰車（但我喜歡火車），也去了小香港商店街及一間兩層樓的中式餐廳。但對我來說不幸的是，標榜中式主題的小香港已經不在了。可惡啊，台場！伊莉絲就幸運多了，小香港區重建為樂高樂園，我和伊莉絲在那裡可以逛上好幾個小時，觀賞東京鐵塔樂高、晴空塔樂高、淺草寺樂高，還有移動的小火車。我們在那裡走了很久，好不容易讓伊莉絲不再念念不忘摩天輪，才去覓食。於是就去了台場的章魚燒博物館。

進到章魚燒博物館內，會看到一個巨大的章魚燒碗裡有許多長了手腳的章魚燒公仔，這是迎賓的藝術品。他們長的腳可不是章魚觸腕喔，是人類的手腳。不過，章魚燒博物館不算是真正的博物館，裡頭聚集的是全日本所有章魚燒的美食廣場。東京有許多類似的食物主題公園，有拉麵、餃子、冰淇淋及甜點。如果你不喜歡章魚燒，也不算太糟，我們去的章魚燒攤會津屋（Aizuya）也有賣收音機燒（radioyaki），聽了這名字也許你會直接聯想成：章魚燒因為核爆輻射長了手腳，其實只是將餡料換成蒟蒻和牛筋罷了。蒟蒻是將蒟蒻芋的地下莖磨碎製成的一種低熱量食品。

會津屋店裡還放了《美味大挑戰》推薦的告示，上面寫著大阪最經典的章魚燒店之一。會津屋只賣章魚燒，上面沒有配料，這讓伊莉絲很開心，因為她才八歲，對一切未知的調味料總是存懷疑的態度。我努力嘗試和吧檯旁的客人們說話：「這是美味大挑戰！我喜歡這個節目，我家裡有很多這樣的書，我喜歡章魚燒。」那是我的極限了。還好，章魚燒不久之後就上桌了，我們在一面貼著台場摩天輪海報的牆旁邊吃章魚燒。至於會津屋的章魚燒嘛……我還是比較喜歡築地銀（不過我會推薦你吃會津屋的收音機燒，雖然你並不一定喜歡牛筋和蒟蒻）。

我最喜歡吃的章魚燒竟然是出於連鎖店，這個事實大概說明了我是喜歡平民口味的人。章魚燒博物館也算是我在東京最喜歡的地方之一，原因有兩個，其一是因為它使洛莉掉入一個陰霾裡，她不停地走逛並驚嘆：「我真不敢相信我們竟然在章魚燒博物館。」

第二，章魚燒博物的禮品店非常棒，每次我帶伊莉絲去紀念品商店時，我總是想找藉口離開那個地方，像是「如果我們不逛紀念品店，我們就可以有時間吃冰淇淋了。」但相對的，我會寧可犧牲冰淇淋，改去逛章魚燒博物館裡的禮品店，店裡頭大部分都是章魚相關的禮物，不僅有可愛的章魚填充玩具，也有可愛的章魚燒填充玩具。我們買了一個微笑的章魚燒零錢包給伊莉絲，她也自己選了一隻可愛的紅色章魚，名字就叫Tako，現在就在她床頭。那裡也買得到章魚燒明信片、章魚燒甜點以及章魚燒廚師的回憶錄。回憶錄是我編造的啦，但誰知道呢？不過真的有章魚燒遊戲電玩，有章魚燒英雄榜和章魚燒狙擊兵。

我們在和美之旅（Nagomi Visit）網站登記要去拜訪一個東京家庭，費用很平實，可以受邀到一般的日本家庭裡吃午餐。我們希望這個家庭必須要有小孩，於是媒合中心介紹我們在埼玉縣的臼井一家。

「你吃過章魚燒嗎？」媽媽臼井佳苗問我們。

「我超愛章魚燒！」伊莉絲不假思索地回答。同時，臼井家的章魚燒烤盤已經準備好隨時可以使用。佳苗拿了一根鐵叉，再從冰箱拿出一盤煮過的章魚切片，然後讓孩子們來動工。我沒有誇大其詞，幾乎所有的步驟都由兩歲的臼井淖完成，她架勢十足地在烤盤前轉動一個個的麵糰，再將章魚切片分別放在每一個麵糰中，就像我們在築地銀看到的一樣。我從事美食寫作的經驗已經超過十年了，看過無數的做料理美學以及師傅們的巧手，卻從沒有像臼井淖的手藝這般讓我讚嘆不已。我拍了很多照片，她轉頭看向我，彷彿在說：「嘿，笨蛋，你要我怎麼一邊做菜一邊比YA，像所有日本人拍照時的習慣啊？」不過，她做的章魚燒比章魚燒博物館內的任何一家攤販都好吃。

V

我們最後的章魚燒奇遇記發生在Mister Donut。那裡沒有章魚燒甜甜圈，不會有比超濃咖哩甜甜圈還奇怪的口味了，它是一串粉紅色甜甜圈外加兩個咖哩餡的口袋甜甜圈，咖哩內餡又各有不同。這裡所謂的章魚燒是將甜甜圈裝入章魚燒船型盒子，當伊莉絲看到時，發明了一種複雜的評價系統，驚訝地看著經過的人群沒有買走這組甜甜圈，更糟的是，吃完了甜甜圈卻沒有帶走伊莉絲覺得最有價值的東西——盒子。這個評價標準的懲罰機制就是讓伊莉絲吃更多的甜甜圈，這大概就是代表她有念MBA潛能的預兆吧。

# 美國女孩的日本甜點體驗。

湯姆．卡瓦納：「奇巧巧克力（Kit Kat）要怎麼吃起來像哈密瓜口味？」

邁克爾．伊恩．布萊克：「日本人什麼都做得出來。」——《甜食控麥克和湯姆》（Mike and Tom Eat Snacks）

東京是甜點之都，中間有一面柏林圍牆分開道地的和菓子（wagashi）及洋菓子（yogashi）。和菓子是門高雅的藝術，從擺盤、包裝、文字、送禮的巧思，以及挑戰外國人味蕾的豆沙，每一項都是最高標準的製程。和菓子鋪像是珠寶店或博物館，展示精緻的季節甜點。和菓子通常會與抹茶搭配品嘗，算是下午茶的不二選擇，如果硬要極簡化多樣性的和菓子類別，大概可以分成糕類、紅豆沙、白豆沙、水果類以及蔬菜、草本、糖漿及其他口味。和菓子的形狀和大小大概和歐洲的巧克力相似，但顏色和口味則很不一樣。

如果你從小就吃過豆沙的話，我非常推薦日本的豆沙。很多西方人已經敢品嘗這種甜點了，但是對我來說還是很難，紅色軟爛的甜紅豆餡太像豆捲餅（bean burrito）了，我長住過日本的朋友瑞秋告訴我，她花了六年的時間才懂得如何品味紅豆餡。白豆沙餡吃起來和紅豆沙餡差不多，大概是某種英式豆類或綠豆製成的吧。綠豆餡叫做zunda an，是東北方的特產，也是我最喜歡的豆沙口味，包綠豆餡的糕餅對我來說不算是挑戰。

和菓子讓洛莉有種莫名不好的預感，她是超級甜食控，卻同時也很怕豆沙餡。幸好日本精進西方產物的技術遠近馳名，沒有一個地方可以做得比他們更好。

早上十點，什麼是處在攝氏32度高溫的大腳野人的解藥？三個字，冰淇淋。我們吃了好多好多的冰淇淋，走在街上沒有跳起民謠「稻草裡的火雞」

（Turkey in the Straw）真是稀奇。全東京都有31冰淇淋的分店，每個地區都有不同的主題口味像是綠茶或跳跳糖口味。七月夏初，我們站在31冰淇淋店前，坐在一張印有三球冰淇淋的海報旁，上面寫著「試試看三球吧！」。如果你不把握這個在東京獨有的機會，就是不接受挑戰，而最好的地點非Daily Chiko莫屬了。

位於中野地下街的Daily Chiko是間超越現實的霜淇淋專賣店，還可以吃到少於十億卡路里的霜淇淋，賣點是疊得超高的霜淇淋，有香草、柚子、奶茶、抹茶、彈珠汽水、橘子、草莓以及巧克力口味（口味非常多樣）。日本是不能邊走邊吃的，但Daily Chiko沒有座位，所以人們只能在店附近吃，兩個人吃一支霜淇淋，用湯匙一口一口挖，也有老太太點小支的抹茶霜淇淋，也用湯匙吃，避免吃得滿嘴綠鬍子。Daily Chiko附近有間咖啡店，那裡就有室外座位。

霜淇淋在東京比硬質冰淇淋受歡迎。我一直是霜淇淋派的，Daily Chiko的花生口味是我最愛的選擇。東京有各種霜淇淋搭配的配料，像是新宿站的Ladurée霜淇淋，我在那裡吃到人生中最美味的巧克力冰淇淋，洛莉則另外加一美元買了兩顆新鮮的覆盆子當配料。某天，附近的公園來了咖啡餐車在賣冰咖啡、茶還有豆漿霜淇淋。Akira要跟我一起吃一支霜淇淋，我吃了一口，感覺霜淇淋在我舌尖融化，瞬間想到豆漿在美國可恥的命運。直到最近，我才知道紙盒包裝的豆漿可以消滅乳糖不耐症，真正的豆漿和我們在美國喝的不同，而豆漿霜淇淋的清爽口感真是一種享受。

東京的冰淇淋愛好者會在便利商店的冰櫃駐足許久，日式和美式的冰淇淋最大的不同點在於——日式冰淇淋店如果告訴你某種口味吃起來脆脆的，那他們就真的辦得到。以哈根達斯的脆皮三明治為例，是一支細細的冰棒外面有兩片鬆餅，他們是怎麼讓鬆餅不會變軟的？塗上一層漆嗎？或許不要知道比較好。還有可麗餅，吃起來很軟、卻不爛，也是冰淇淋店常有的成員。

近七月底時，我發現了自己又愛上了黑雷神口味的冰淇淋，一種灑上巧克力餅乾和巧克力豆口味的冰淇淋。我也吃了另一個姊妹口味——香草雷神，不過要套句史奈普的話：「勝利屬於黑雷神。」

後來我和伊莉絲又喜歡上Zachrich口味的冰淇淋，這是一種三角Choco Taco樣式的冰淇淋，外面有一層巧克力，裡面則是薄荷口味的冰淇淋，伊莉絲通常會選擇口味較酷涼的冰淇淋。先用手溫讓它稍微融化，再一口從甜筒吸出來。

你可能會覺得我們老是在吃甜食，那是因為我們就是一直在吃甜食，這就是度假的意義。一天若由黑雷神來結束，那麼也要用Mister Donut來開始。

Mister Donut是從美國起家的，一九五〇年代還有競牌Dunkin'Donuts。美國人的口味最後由Dunkin15 QDonuts勝出，連鎖店反而在日本更吃香，如同吉野家或花丸烏龍麵的成功案例一樣（Mister Donut在美國僅存一間聖路易區分店）。在西方人的眼中，甜甜圈都是一樣的形狀，但是，日本將波堤結合麻糬產生Q彈的口感，還有永不斷貨的抹茶甜甜圈，最後甚至研發出紅豆口味的水晶甜甜圈。

我們第一次到日本旅行時，我答應伊莉絲一定要集滿一張Mister Donut的集點卡並且換取獎品，但最後卻無疾而終。當我們好不容易湊了100點後（其實並不難，甜甜圈以外，Mister Donut的冰咖啡也很棒），伊莉絲細讀了每一項獎品，最後選了一件印有波提獅的手帕，也就是Mister Donut的吉祥物。

Mister Donut是我認為最能體現東京客戶服務魅力的地方，每一次我們到中野分店時，還在入口處，店員就像是看到碧昂絲、Jay-Z等大明星一樣接待我們。肢體語言、面部表情、流暢的服務動線，都在在表達著「您是我們寶貴的客戶，我們很幸運能在這裡招呼您。」這種服務精神當然不只有在Mister Donut，而且並不是專為外國旅客服務。我們在百貨公司、麵包店、速食店、書店或是郵局都受到這樣的待遇，而且不會感到虛假或是阿諛奉承。如果東京的服務生總是假情假意地工作，那麼他們真的太專業了，連我都被蒙騙過去。在東京服務不佳的店面出奇的少，走在任何一間店鋪，都會覺得如果沒有這般待遇是十分痛苦的一件事。但不要誤會，同樣的，在網路上也會看到別人對服務品質的抱怨。

日本人熱愛法國甜點，好吧，我知道只要吃過法國甜點的都會愛上它，但東京將之發揚光大。當一位甜點師傅在巴黎名氣十足後，接著便會在東京開店，百貨公司的食物區滿是Pierre Herme、Henri Charpentier、青木定治，這些人在東京土生土長，卻在巴黎開店賣起日式的甜點，他們成名後才回家鄉開業。也別忘了Monsieur Donut，不過這是我捏造的。

我最喜歡的法國甜點店是由一位日本師傅寺井則彥（Terai Norihiko）所經營，他曾留學法國和比利時，在明治區開了間小店鋪名叫Aigre-Douce。這間店簡直就是甜點博物館，展示的甜點美得令人捨不得吃。伊莉絲蒞臨剛開始到這間店時都會點焦糖布朗尼，但洛莉和她最後都移情別戀到Wallace的身上了，這是種圓形兩層的巧克力蛋糕，上面有一層厚厚的萊姆奶油，中間一片薄薄的方型巧克力鬆餅隔開兩片蛋糕。「Wallace真是一個專情的男人。」洛莉說。

伊莉絲在一旁聽了竊笑，這是八歲孩子聽見愛情的尷尬反應。我們不知道為什麼要叫一塊蛋糕Wallace，但我要怪在IKEA身上。比起水果類的甜點，我總是對巧克力情有獨鍾，但在某些季節，大概是因為夏天的關係，有些水果甜點看起來真是不錯，夏天的我真不像我。黑莓和覆盆子看起來真可口，像是一杯覆盆子果醬配上一層濃郁的奶油及海綿蛋糕。

另一個在東京吃法國甜點的樂趣，就是能同時享有好吃的法國甜點及日本的客戶服務。在一個炎熱的夏日點一份蛋糕，店員會細心問你什麼時候要食用，他們會在外帶盒裡放保冰袋以保持冷藏的溫度，並黏貼妥當以避免碰撞或壓壞的情況。我們蒐集了一些保冰袋放在冰箱，有時在炎炎夏日時就可以貼在額頭散散熱氣。

除了Aigre-Douce，還有一處Sweet Forest的甜食主題樂園，店址位在東京西南方的自由之丘區。Sweet Forest沒有法文的束縛，造訪這裡多半不是為了甜點，而是為了一次東京限定的體驗。整個擺設像是童話森林一般，裡面有可口的甜點及座位。伊莉絲毫不猶豫地選擇了冰淇淋區的Mix'n Mixream，風格很像酷聖石冰淇淋（Cold Stone），還可以加點一層蛋糕、椰子奶油及其他點心。

同時間我去了一標榜有多種口味的海綿蛋糕區（海綿蛋糕、布丁、焦糖雞蛋布丁）這些口味在東京很受歡迎，隨處可見相關關鍵字的廣告，我選了兩塊小蛋糕，一塊是黑芝麻，另一塊吃不出來是什麼口味，只確定其中有豆漿。Sweet Forest裡有一塊寫著「自由之丘甜心公主盛會」的牌子，伊莉絲非常想進去瞧瞧，雖然我覺得應該是「甜點」選美大賽，而不是所謂的「甜心」。趁洛莉細細品嘗草莓聖代的空檔，伊莉絲帶我去玩扭蛋機，扭蛋機裡頭有很多顆膠囊，膠囊中會附有一個便宜的小玩具，遺憾的是這些玩具看起來真的很寒酸，但伊莉絲卻扭到了一個驚喜——喬巴。

我們在東京吃過最好吃的甜點之一莫過於Denny's的甜點了。在淺草某個炎熱的午後，我和伊莉絲正在吃魔鬼巧克力聖代，就是巧克力加香草冰淇淋佐巧克力布丁、巧克力豆、香蕉切片、巧克力醬以及厚厚的奶油，這還不算東京最怪的食物，我們就看過晴空塔聖代的廣告，大概63.4公分高（實際上只有真實晴空塔高度的千分之一），最上方有一個小皇冠及厚厚的奶油，整份冰淇淋甚至比一些孩子都高。

東京的超市和美國的管理方式很類似，優格從不缺貨，但不像美國，優格受歡迎到可以延伸到糖果區。我一直是嗨啾迷，它是一種日本水果軟糖，柔軟的口感以及不造假的水果口味是最大的賣點，有酸甜梅子、蘋果、葡萄、梅子等，尤其是芒果，味道吃起來就像真正熱帶的芒果，不是一般進口的品種。

但我也只有在東京看過優格口味的嗨啾，一塊白白的軟糖吃起來就像是真正的原味優格。

最後，我們來談一談奇巧巧克力（Kit kat）吧！只要是你想像得到的口味，奇巧巧克力就能發明出來，像是綠茶、紅茶味噌、櫻桃、醬油、黃豆粉、辣椒、橘子、哈密瓜，但只有少數幾種口味長期供應。因此，精明的雀巢也不落人後推出新的大阪燒口味，裡頭包含了薑、烏賊、山藥、蛋各種味道，大阪燒醬和美乃滋就因個人口味添加。

我們買了晴空塔橘子口味、哈密瓜口味的奇巧巧克力，包裝很特別，要價兩百美元。好吧，以上三分之二是真的啦。

註：可以在嗨啾和Mister Donut的網站找到他們的起源故事，包括所有口味、造型等說明，並可追溯至1970年代。

http://www.morinaga.co.jp/ hi-chew/history/index.html

http://www.misterdonut.jp/ museum/donut/y2013.html

注意：在Youtube上找影片會更有意思。

請再注意：這些都是日文網站，但就像其他網站一樣，你很快便能熟悉了，如果不懂日文，就一個個點開看看不同的照片吧。

# 鰻魚。

就在中野一級棒巷子（Pretty Good #1 Alley）的西側，也就是標示餐廳入口的綠色招牌那裡，有位老先生每天早上九點都會用釘子固定鰻魚的頭，接著操著鰻魚專用刀俐落地從奮力扭動的魚身背部劃開，並取出脊椎。

這是他今天殺的第一隻鰻魚，再把魚剪成四塊並串了起來。備料完成後，點燃烤架下的備長炭（一種昂貴、易處理的硬木木炭）。在東京用扇子搧火燒炭不只是句俚語，真的是一種料理方式。下午時分，經過任何一家鰻魚攤販都能看到星火，以及香氣濃郁的碳烤鰻魚。

夏季是日本享用鰻魚的好時機，即使是專賣牛肉丼的連鎖店吉野家，也推出了季節限定的鰻魚丼，聽起來就像麥當勞的海膽堡一樣。在七月下旬、八月上旬之際有「土用丑之日」，全日本國民都會排隊吃鰻魚。他們深信在悶熱的夏季吃鰻魚，可以強健體魄，撐過黏膩煩躁的日本夏天。不過為什麼是吃鰻魚，而不是牛呢？（因為土用丑之日的英文是Day of Ox）我打賭這是為了壯陽的緣故。

淡水鰻魚叫unagi，它老兄在這個夏天可過得一點也不好，說得也是，試想每年夏天都有人拿釘子刺進你的頭部真的很不好受。然而Unagi名列海鮮指南的熱門名單多年，二〇一二年身價已暴漲，也就是說供應趨緩，真是糟糕。鰻魚的生命週期很複雜，加上輕易就能落入漁網，很容易就被過度捕撈。這還不是最糟的，鰻魚長得很抱歉，比起美麗的巨鯨，很難令人對一隻黏糊糊、滑溜溜的魚心生憐憫。不過，在妥善準備之後，它又是魚界最好吃的種類。鰻魚的肉質如鯰魚，吃起來有韌性又軟嫩，魚皮可食又滑嫩；最令人滿意的就是魚骨也可食，就如同蛤蜊、牛舌以及許多怪味熱帶水果一樣。說了這麼多，你沒吃過就是不知道有多好吃。那麼，我為什麼要吃？美味鰻魚料理就在眼前，而且每個人都在吃，難道我不顧忌永續發展的問題嗎？我也憂心，但可以因此抵擋這條瀕臨絕種卻又美味可口的魚類嗎？我辦不到。

我和伊莉絲在七月上旬的時候造訪了一家鰻魚餐廳，就我們一對父女檔。我們點了菜單上唯一的一道料理unaju，燒烤鰻魚串放在一木盒飯上。工作檯有位年輕學徒跟在老師傅旁邊工作，他試著讓我們了解這道料理要價一千八百日圓，或者說二十三美元（你看有多貴）。老師傅攤一攤手，彷彿在說，算了啦，由他們吧。他拿起兩串鰻魚放在架上燒烤，用刷子塗上醬汁，然後俐落地順著魚身取下竹棒。年輕學徒將鰻魚放在我們的飯盒上，然後用非常新奇的炊具將飯盒推出來。我下巴掉了下來，轉身看一看伊莉絲，她也張著口不發一語。這炊具是醬舀，舀匙的末端有三個細管，能將醬汁均勻淋在食物上，而且不用擔心失手。舀匙盛著甜甜的鰻魚醬，由鰻魚骨高湯加上醬油、糖和味醂製成。

我和伊莉絲把飯盒吃得精光，總價四十六美元，然後趕緊回家告訴洛莉那神奇的醬舀。後來我在東急手創館（Tokyu Hands）買到一支特價的醬舀，回家得到伊莉絲幾分鐘的英雄崇拜。

在土用丑之日前夕，當地的鰻魚餐廳會公告邀請民眾前來預定鰻魚，不然就要等著度過一個慘澹懊悔的夏季。我考慮著要去預購鰻魚，但想到莽撞上前只會暴露自己說日文時的弱點，因此決定當天指派了一位可愛的小孩去買鰻魚。

然後，伊莉絲便出發上街了，她脖子上掛著的章魚燒錢包隨之擺動。去了一段時間後，終於等到她帶回包裝精美的一盒魚了，顯然八歲的可愛美國女孩是稀客。盒子裡裝著兩串鰻魚和兩個紅色小醬罐。我用烤土司的烤箱加熱，試著有樣學樣地輕鬆取出竹棒，卻非常不容易，最後，終於拿捏到訣竅順利將鰻魚放在白飯上。伊莉絲拿出新奇醬舀，替我們的「鰻魚丼」淋上醬汁，這是鰻魚飯在普通盒子裡名稱。這是一頓好吃的午餐，我還可以斬釘截鐵地告訴各位，在餘剩的夏日裡，本人的耐力並未舉旗投降，除了每一天悶熱的天氣之外。

在土用丑之日後，每一次我們經過鰻魚餐廳，那裡的人都會熱情揮手喊著「伊莉絲！」，我明白這是「Hey! Look at Us Now」的舞蹈動作，卻讓真正的旅行寫手捏了把冷汗，不過，真的很好吃。

有一回的《美味大挑戰》談到居酒屋美食。一位美國記者想要在老闆面前表現自己熟諳日本料理，因此山岡和栗田便帶著這位老外造訪中野的串燒店。「你一定很會做串燒料理。」美國記者對師傅說。師傅表情嚴肅，是位做事極為講究的人。「我們沒有串燒料理。」師傅說完，拿出日本鰻魚的解剖圖，指著日本鰻鱺（Anguilla japonica），並架起烤架，放上十串不同部位的鰻魚，包括脊椎、肝、膽。（我實在搞不懂要怎麼把魚膽串起來啊？）。行前我在Flickr看了中野的照片，發現有一本《美味大挑戰》卡在一只窗戶上。「真怪，可能這是間漫畫書店吧，或是為了吸引《美味大挑戰》的粉絲前來，才瘋狂貼照吧。」我心裡暗想。

對此，我花了很久的時間才理解：

這棟建築看起來一點都不像漫畫書店，

事實上，還比較像一間餐廳。

於是腦海又閃過兩個問題：

等等，難道書裡寫的其實就是這間店？

就是我在尋找的那間十串鰻魚餐廳？

後來，我在tabelog.com找到答案，心裡暗暗比著日本人愛用的手勢說：「沒錯！」（一邊握拳手肘向下）這間店叫Kawajirō，離我們的公寓只有七分鐘的路程，就在中野百老匯東門入口旁、地中海風情的小廣場裡面。Kawajirō是間小餐廳，也是中野熱門景點之一，更是tabelog.com上評價最高的餐廳。這是我們在中野看到唯一一間排隊的店家，第一次要去那裡吃飯時落空了。我們大概早上六點開始排隊，一直到七點半整條隊伍都沒有前進，所以就放棄改去吃天婦羅。

但是在六點至七點半之間……

附近有一間蕎麥麵店，開放式的廚房正對面就是Kawajir　。蕎麥麵的老闆身材高挑、禿頭、滿臉皺紋，怒目直瞪著排在競爭對手門口的人龍。他的目光非常憤怒，好像他要用目光燃燒這群人一樣。卻不見有人進去他的店吃蕎麥麵。

這時有位騎著腳踏車的老先生來了。日本人老愛用腳踏車載各種包裹：一團小孩、雜貨、家庭用品等等。這位老先生在腳踏車後面放了一件神祕的東西，外頭蓋著一塊麻布。一把鋸子搖搖欲墜掛在後座。接著他掀開麻布，裡頭竟是一大塊冰。他鋸下一塊冰，送進餐廳，然後就離開了。回想起來，真不敢相信我們沒有去那間餐廳吃飯。如果時髦的波特蘭沒發明送冰塊的服務，不是很奇怪嗎？

隔天晚上，我們又在Kawajirō營業前半小時開始排隊。蕎麥麵師傅還是在那裡緊盯著人龍。我想前幾年窮困潦倒的他已經過世了，而他憤怒的鬼魂每晚伺機報復。

終於輪到我們了，掀開入口處的珠簾，我們坐在吧檯的第一個位置（這間餐廳都是吧檯式的座位，只有最裡面有一張桌子，看起來像是私人空間）。起先我感到有些焦慮，不知道怎麼點菜，因為我不知道鰻魚各部位的日文該怎麼說。但每個人都選了套餐，內含六串精選鰻魚，於是我們也照辦了。英俊的師傅站在吧檯後看著烤鰻魚，穿著一件藍色、樸素且剪裁合身的鈕釦袍子，看起來十分溫和，如同總統歐巴馬先生。每當他要撒鹽時，便握起載滿鰻魚的竹棒，開始撒上海鹽，仔細撒在每一處，接著蘸上醬汁並送給饕客們。

我們吃著串成螺旋狀的鰻魚肉，以及魚膽，還有吃起來稍有不同的魚肝。又點了兩份香脆的炸鰻魚骨（大多是伊莉絲吃的），還有鰻魚肉捲牛蒡和韭菜。煙燻鰻魚吃起來很像猶太熟食店的食物，我吃的比較豐盛，因為家裡只有我敢吃內臟。一切都和《美味大挑戰》形容的一樣，牆上有一張鰻魚各部位的解剖圖，就像走進了書中，一集接一集沒有結局的故事風格。

吃飽後，我們奉上幾張鈔票，收銀檯後方的女人打開一只唐老鴨俱樂部的餅乾盒，找錢給我們。

那晚睡前……

伊莉絲：「那裡的鰻魚骨真好吃。」

我：「沒錯。」

伊莉絲：「『收銀機』也很有趣。」

我：「你是不是又用空氣引號了？」

# 淺草。

「一旦你到了淺草，就會覺得自己已經擺脫了明日的工作。」——齋藤綠雨

淺草是東京郊區中最容易讓人愛上、也是西方觀光客最著迷的地方。在Edward Seidensticker的獨特（其實是胡思亂想）故事中，從江戶到昭和的東京，其實是一首五百頁的哀歌，訴說淺草因為一九二三年的大火，已不再和過去一樣……一個字都別信！淺草著名的雷門，仍然值得作為任何觀光客到東京的大門。你可以在淺草寺南端的街上漫遊幾小時，在花俏的觀光商店街——仲見世奔進奔出，愉快地迷路，背上一堆紀念品，或中途停留吃個迴轉壽司或天婦羅（淺草特產），甚至是在任何時候到居酒屋飽餐一頓。

淺草位於東京的舊城區——下町，這裡充滿了許多忠實重建的古建築，原因就是因為淺草曾在一九二三至一九四五年間毀壞。伊莉絲愛極了這個地方，特別是擁擠的仲間世，她在那裡帶回了許多剛做好的米仙貝（osembei）還有各種無法形容的小裝飾品，填充動物、鑰匙圈、填充動物鑰匙圈。「淺草對外國人很親切……特別是對外國小孩」Seidensticker寫道，伊莉絲也可以這麼告訴你。

我終究也抵擋不過這可愛的地方，為我的PASMO卡買了個紫色的套子。與仲見世垂直的是有屋頂的長廊購物商場，名叫新仲見世，也有餐廳和更有趣的店家。仲見世後面的攤位也很好玩，雖然和那些擁擠的地方相似，但絕對安靜許多，還能找到刀具、文具店、和菓子甜點店以及各式餐廳，像是有特色的釜飯（kamameshi），將蒸過的米飯加上調味放在小鐵鍋中，有點像韓國的拌飯。

大清早在淺草散步，看見這個城市打著呵欠甦醒著。東京有一些店，甚至是麵包店和咖啡廳，在十點前就會營業。因為觀光而睡不著的話，可以到仲見世商店街的星巴克，那裡七點就營業了，還有販賣焙茶拿鐵，它是烘焙過的茶加熱牛奶，一種低咖啡因但仍然會使人上癮的飲料。

有一天我沿著長廊商場散步並停在一家香料店Yagembori，他們是從一六二五年開始專門製作七味粉的店家。櫃台後是一位年輕健壯有鬍子的男人，當然沒有在這裡工作那麼久。

七味粉是混和了七種香料還有磨碎後依然顯眼的紅色辣椒。使七味粉與其他傳統辣椒粉不同的是其他六位選手：海苔屑、香味撲鼻的乾燥檸檬皮、山椒（sansho）、芝麻、火麻仁等。可以在任何的日式雜貨店買到，雖然要多花一點錢卻可以將任何麵類、湯品或是牛肉鍋變得更好吃。

Yagembori的每個員工都是調配香料的專家，如果你有雙聲道的本領，可以請他們多加一些芝麻或喜歡的香料。但如果像我沒這個本領，可以只說「辣」就好。一般來說，櫃台後的男人會分別將香料從七個不同的碟子舀進木碗，精神奕奕地攪拌它們，然後放到你的鼻子下，然後你呢，你這位客人便會心醉神迷。一小包新鮮拌好的是五百日圓，比一罐美味的肉桂粉便宜。

在中野的家，害怕所有辣的東西的伊莉絲，不停地在她的飯上灑上七味粉，並且一次吃兩碗。她要我一再敘述，我是怎麼從一個微笑的店主人那裡買到這罐混和香料。就像這些天吃飯的時候，她喜歡她的食物是有故事的。

東京有個俗氣的艾菲爾鐵塔仿冒品——東京鐵塔。這座建築於一九五八年落成，由紅色和白色組成，看起來不太像討喜的地標，比較像是人們不想太靠近的電視塔，以免造成訊號干擾（我成長的時期還沒有電纜線，卻照樣苦了我）。

日本老是愛挪用鍾愛的外國地標或建築，全國上下有無數的自由女神像，其中一個最受本國觀光客歡迎的景點，就是模仿荷蘭小村莊叫做豪斯登堡的地方。

然而近來東京荒唐的建築熱，總是一些看起來極本土化又野心勃勃，其實大部分只是規模很大而已。晴空塔就和艾菲爾鐵塔截然不同，看起來像是漫畫中一座很大、會發射死亡光束的塔。高度達六三四公尺，是世界第二高的獨立式結構建築，僅次於杜拜塔。

二〇一〇年我和伊莉絲來淺草時，還沒有晴空塔。仲間世的購物走廊過去被視為東京的廉價商品通道，現在全是晴空塔水瓶、晴空塔手機吊飾、晴空塔手帕、晴空塔焦糖牛奶。我跟你賭一百美元，以後會有晴空塔陽具。

有天清晨六點，我正出發要去淺草。那是個禮拜六，整條街空蕩蕩的，只有一些漫步的老先生和騎單車經過的美麗小姐。我沿著傳法院旁遊走，在淺草寺的正南方走進一條窄巷，巷道內用各種顏色的彩帶裝飾，都是最飽和的顏色。我看不出來現在有什麼慶典，直到我轉過身看到晴空塔，清楚地看到整座建築，外型像極了開瓶器。

當然，我還是不免俗地拍了張照，但很難在鏡頭前找到立足的位置，每一個角度都看得到晴空塔。這座建築看起來不成比例、設計很前衛，以至於像極了廉價品，可以在一百日圓商店買到的塑膠模型。

像這種高聳的建築需要好幾年才能漸漸被人們接受，再過些時候就會有人假情假意地說他有多愛這幢建築。建造艾菲爾鐵塔的時候，巴黎的貴族認為這是不堪入目的醜陋建築。西雅圖則有Frank Gehry設計的音樂體驗計畫博物館（Experience Music Project Museum），看起來像極了從高處墜落的彩色麥片。它不是不受歡迎，只是需要一點時間。就如同Stewart Brand在自己的書《建築是如何學習的》（How Buildings Learn）所說，沒有一棟建築在一百年後會不備受喜愛。

然而晴空塔卻跳過它的懵懂青春期，日本人愛它。二〇一二年五月開幕後的兩個月，入場票不僅只能預購，還需要使用日本銀行發行的提款卡才可以購買。當我和日本人談起晴空塔時，他們總是春風滿面，沒有更合適的形容詞可以貼切地形容日本人聽到晴空塔時的謙虛驚呼：「啊，那個啊。」

其實，我自己也喜歡晴空塔。這樣唯高是瞻的建築卻相當有趣，幾近可愛，建築師找到一個地方讓它爆表可愛。呃……這樣說好像很怪，我的意思是，當你從成田機場下飛機，前往東京市區的路上，晴空塔會完全抓住你的視線：「歡迎來到東京，在這裡有獨一無二的驚喜！」

七月中的時候，晴空塔開始販賣一張二千日圓的一日票券。我和伊莉絲坐上更名為東武晴空塔線（原為伊勢崎線）的地鐵在晴空塔站下車。那天晴空萬里，晴空塔的電梯高速地在幾秒內把我們載至三五〇公尺的高度。電梯是不透明的材質，外觀嵌入顏色鮮豔的LED燈，懼高症的旅客一定會和我一樣十分認同這樣的設計。當我們進入晴空塔展望台時，我讓伊莉絲自己走走逛逛，自己則離玻璃窗戶遠遠地，調整急促的呼吸。後來我稍微可以眺望西側的淺草上野公園，以及躲在厚得像顆布丁的富士山後的中野區。

十秒後我便想掉頭回家吃碗撫慰心靈的烏龍麵。不過，一旦登上晴空塔展望台，就會手滑花掉一千日圓再往上登一百公尺到TEMBO GALLERIA。如果你正打算這麼做，就不要再猶豫了，晴空塔似乎在嘲弄你，以上由伊莉絲轉述。這一層是透明玻璃電梯，可以清楚看見牆壁和天花板。我抬頭盯著電梯的滾軸，想到終極警探的場景。

電梯停在四四五公尺高的地方，剩下的五公尺必須沿著一條傾斜的彎道走上去。在塔頂可以看到下一層的觀望台，像極了挑起的眉毛，這就是晴空塔最引人入勝的風景，沒有一個法西斯主義者會建造如此奇怪的建築。

以上是一位心亂如麻的懼高症患者說的話，不過你不需要上晴空塔才能欣賞美麗的東京，這個城市平地的風景更勝一籌。我真心覺得平地上能見的美麗更令人印象深刻，我這麼想著，並和伊莉絲終於擠上地鐵回中野，往我們最愛的地下室烏龍麵前進。

從雷門往西走十五分鐘便會看到巨大的廚師頭像，這是合羽橋道具街的入口。合羽橋是旅遊書中的必去景點，這裡可以買到擺在餐廳展示櫥窗中的塑膠料理模型。說真的，塑膠料理比真正的料理還貴，但卻又相當合理，因為塑膠比較耐用。以一盤塑膠展示麵為例，就要價六十美元，而一道真正的麵料理大概是一斤六美元。

合羽橋道具街不只有塑膠展示料理，在東京餐廳裡見到的所有特別擺飾，像是餐具、器皿等，都可以在這裡找到，甚至有一間店專賣餐廳入口處的門簾。夏天時，你可以在這裡找到所有冰淇淋擺攤需要的器具，刨冰機、糖漿和製糖機、塑膠花型冰杯，還有淺藍色的冰淇淋招牌，上頭印有「氷」。有一間賣塑膠模型壽司的店，還有用握壽司代替數字的掛鐘，要價兩百美元。

我們甚至還找到一間賣拉麵券的自動販賣機器，得在店門口用票券機購買想要的機型，我開玩笑的啦！

這條街上的店家都需要大量批發，但也接受零售購買。我朋友尼爾是一位糕點師傅，他請我們幫他帶一組製作可麗露的模具回去，可麗露是一種較平價的法式甜點，模具很容易找而且不貴，尼爾也對品質稱讚不已。我還花很多時間找尋韓國的餐具，包括做石鍋拌飯的石鍋，高溫的石鍋可以使底部的米飯變成鍋巴。

我們最喜歡的一間店非Hashito莫屬了，這是間專賣筷子的店，包括一次性的手工筷子「waribashi」，一組要價兩百美元起跳。

我試著讓伊莉絲來日本之前先學會使用筷子，但卻失敗了。我們在Youtube上找教學影片，買了韓國時尚的教學筷具，不含骰子。伊莉絲用刀叉、手指以及胸有成竹的自信學習使用筷子，身為一個可愛的美國孩子，她因此可以逃避吃粗飽的野蠻遊戲了。

在這次旅行之前，我給伊莉絲一對兒童筷具組（沒有指環或練習用的輪子），以及一盤八角（易於夾取），吩咐她在玩電視遊樂器之前，每天必須花至少五分鐘的時間練習使用筷子，她聽到之後抱怨連連，但這招卻奏效了。伊莉絲抵達東京時已經是一位熟練的「筷子手」了。

《美味大挑戰》中，有位周遊列國的年輕女孩說，使用筷子的行為很粗俗，使用銀器才是文明的表現。山岡和栗田便帶這個女孩去拜訪一位筷子工匠，觀摩一雙雪松木筷子的艱難製作過程。那經典的一幕配合著主角們不斷重複的對話（「這樣就完成了，對吧？」「哈哈，還沒呢。」），而最後，可以想見這位女孩撇下了她的刀叉。Hashito裡最貴的一雙筷子，標榜日本的高品質商品，就像《美味大挑戰》中的那一副——樸實，沒有過多的雕飾。日式刀子也是這種美學風格，當然你可以買大馬士革的鋼刀，造型時尚而且刀柄部分是黃檀木材質，但真正的廚師最常用的刀卻是看起來平凡卻又不凡的刀具。

伊莉絲小朋友運用自己不為人知的獨特美感買了一組筷子，上頭鑲著幾顆寶石。我從不買花俏的筷子，因為我記得《美味大挑戰》有一回山岡和流氓在一場樸實的餐宴上突破了製筷工匠的技藝。就在他們完成之際，不知怎地老是會被邀請來的壞蛋海原山雄要求看每個人手上的筷子，接著斥責他們吃得像野蠻人一樣，特別是他們用筷子夾取食物時的面積太大，而不是只用前端一小部分。好像我沒有足夠的實力擔心似的。

我們不是第一批愛上淺草的歐美旅客，早在一八七九年，一對美國夫妻便在東京度過了一個夏天，他們是尤利西斯和茱莉亞・葛蘭特。這是第一批前進日本旅行的旅人，卻鍾愛東京，尤其是在流經淺草的隅田川一帶。

七月下旬，葛蘭特夫妻參加了隅田川的花火大會，如同日本其他慶典一樣，隅田川的花火大會用無數的煙火和滿街的美食慶賀，日本這樣的場面很少見，卻總出現在人們在外慶祝的時候。Seidensticker報導：

將軍有賴當地仍存留的貴族住處觀賞這場盛典，煙火和人潮湧入淺草。所有煙火皆由紅、白、藍三種顏色組成。將軍盛讚這場慶典……整體而言，這個城市鍾愛著將軍，將軍也鍾愛這座城市。

慶典的傳統被完整地保留了下來，即使二十世紀時曾歷經戰爭，以及為了避免破壞生態以及隅田川未經處理的汙水，日本取消舉辦慶典達六十年之久。我想不會有人希望河畔的人潮覺得這條河像是水溝一樣，無論你從札幌帶了多少罐子在身上。

上個週六，阿姆斯特．波頓仿葛蘭特夫妻的行程，前往淺草的隅田川公園觀賞煙火。我們和其他眾多的東京人一樣前去湊熱鬧，一塊藍色防水布上坐著約二十幾個人，一邊喝著啤酒或罐裝氣泡酒、一邊吃小吃。我們潛入當地人的圈子（也不完全是），洛莉去一百日圓商店買了一條我們自己的墊子，包裝上寫著休閒萬用防水布。

前往淺草之前，我們在附近的便利商店買了野餐的食物：什錦飯糰、兩塊炸牛肉丸（menchikatsu patties）、沙拉、新鮮的鳳梨和一袋的巧克力餅乾。把布攤開之後，我還去買了大碗剉冰，上頭淋上檸檬、哈密瓜、櫻桃、其他水果糖漿，才開始觀賞這場煙火時尚秀。

原宿女孩真的沒什麼，隅田川煙火慶典吸引了許多其他令人嘆為觀止的美景。不分男女都穿上了最好看的夏季浴衣，開始沿著河畔遊行，我們看到無數件美麗的浴衣及美麗的女人。那裡也有賣炒麵（肉絲和蔬菜炒麵）、炸雞、熱狗和煎餅的小攤販，其中最不能錯過的是東京夏季傍晚賣的日本胡瓜（kyūri）；到了慶典季節，胡瓜會先用醬油、昆布醃過，再串在竹籤上，外層撒上冰鹽水以保新鮮。套一句喬治・卡林說的話，如果一個正直的男人可以看著一位穿著浴袍的女人吃小黃瓜，而沒有非分之想，你得接受一些檢查。

我到販賣機買了一瓶水，回來的時候伊莉絲不見了，「她在那裡啦。」洛莉翻了一圈白眼。伊莉絲在對街碰到直子，在那個時空，兩人成了五分鐘的好麻吉。直子穿著有紫色、白色條紋兼粉紅小花的浴衣，和阿隆、裕子、陽平用一塊防水布，這三個人則是平民裝束。我也短暫加入了他們的談話，用英日夾雜的破日文討論彼此最喜歡的食物。但是我惹毛了伊莉絲，「老爸，你為什麼要和我說日文啊？」她哀求著，其實我不是故意要這麼做的，因為老爸腦子裡一直轉著日文啊。我離開以後，伊莉絲告訴我他們立刻回到相撲、忍者的話題，用手機自拍，玩得不亦樂乎。

煙火結束後，我們才把伊莉絲帶回來。直子和陽平合力抬高伊莉絲，讓她可以看得更清楚，有時也帶她去附近的公園逛逛。不要懷疑，我們讓微醺的陌生人帶著我們的女兒沒入幾百萬人潮的慶典，這就是東京。

或許你已經知道，這場煙火秀不算是最重要的。這場秀被譽為最頂尖的煙火藝術表現，兩艘代表不同公司的船在隅田川拋下船錨，並且開始在煙火的大小、釋放的範圍以及形式等各方面較勁，整場煙火秀延續超過一個小時。「不要錯過最後一刻」，很多人都這麼告訴我們，不過，我們的位置無法從樹葉縫隙中看得太完整，所能見的大概是偶然出現的神奇寶貝形狀的煙火，有點像美式煙火，但是延續的時間較長，被隅田川上煙火照亮的晴空塔非常美麗。當然，我隨時都想回去，大概是我第二任總統任期的時候吧。

# 返鄉。

「燈光美、氣氛佳才會有佳偶。」——《倫敦人》彼得・雷斯（Peter Rees）

試想一下，在某個時刻誕生了一個快樂的嬰兒。世俗的一切還是世俗，這再真實不過了，每一個經歷都令人驚艷，有更多時候是愉悅的。你無法完全了解這是如何運作的，但仍不斷嘗試解讀這個過程、文化以及語言如何構成你的存在。這的確令人感到挫折卻又振奮人心，而每一個小小的突破更能令人引以為傲、會心一笑。

你身旁的人盡其所能地讓你吃飽喝足，每一盤食物都如此美味又新奇。你可能暫時感到痛苦、不適或者恐懼，但還不致於感到焦慮。然後將這些情緒放在字裡行間和比喻裡。這個世界不僅是安全的，也因著你的來到而成形。

這就是我這個夏天在東京的小世界，如同東京教我煮大阪燒，整個城市就是幫助我理解這世界的父母。然後，如同真正的嬰兒期一樣，一切都結束得太快了。我們在星期二早上九點半回到西雅圖，洛莉和伊莉絲身上都還有青葉拉麵（Aoba Ramen）的湯漬。

伊莉絲在西雅圖有個朋友叫麥克，就住在隔壁街，他是個聰明、內向的孩子，開口的第一句話總是「抱歉」，和我小時候一樣，對於大人們的爭論總能一針見血的突破盲點。每當他和伊莉絲玩在一起，我總想在他們決定要組樂高怪獸還是樂高巨人爭吵前，把他們隔開，我故意笨拙地說：「讓我們在最精彩的地方結束吧」，可以想像這句話對兩個八歲的孩子多有說服力，但每一次的回應都是「再玩十小時就好！」

現在我終於了解伊莉絲的感受了，因為這趟東京的旅行在最精彩的時候結束了。

我們回來的第一天，我走在人行道的左側，這是東京的方向，因此不斷撞到人還小聲說「sumimasen」（日文的不好意思）。伊莉絲盯著我們的房子說：「這真像一棟旅館。」她說她還記得中央線快速列車的日文廣播：「下一站新宿，往山手線、埼京線、湘南新宿線、小田急線……請在這裡轉車。」她還會用高八度模仿英國腔的新幹線報站廣播。我們把伊莉絲拿回來的氷屋海報掛在陽台，但並沒有引起人們相爭排隊購買的場面。

我的嫂嫂溫蒂是極有天分的書評家，她熱愛閱讀旅遊相關的書，我們對她將書籍評為束之高閣的作品，這樣的行為稱作「不被承認的特權」，幸好作者十分有福，完全不知情。一本以白人男性在亞洲的為故事主題的書，很有可能會被如此評價，希望這本書很明顯是以通過認證的特權角度所寫成。對我的家人來說，花一個月的時間在東京生活不算是一種犧牲（好吧，我個人倒是被迫學了很多漢字），但從來沒有置身於危險，每一分錢都扎扎實實地花在有趣的事物和美食上。

每當我想再回到東京時，就覺得像是一種試驗，一方面是因為必訪餐廳列表中，還有很多我們還沒去過的，我也很想在秋天或冬天的時候，去吃花丸烏龍麵（而且要吃牛肉和牛蒡！加上鹽烤豬肉和蔥末！）基於以上種種原因，我希望能找一個恰當的時機回到東京，而且這時機不會引起我的熱過敏症（東京我最不喜歡去的地方就是藥品店，幾乎每一次到那裡，我都是為了問讓他們感到尷尬的問題）。伊莉絲想回去找Zen，如此一來他們就能發明更多擬真的武器；我也想回去找Akira和Emi，不僅想多了解他們，也想讀更多日文版的《美味大挑戰》，這會讓我更像七〇年代坐辦公室的大叔。對了，我剛才有提到煎湯包嗎？

在我們去東京前，洛莉有一點排斥日本料理，她不吃壽司，還有豆腐恐懼症。旅程結束前，她告訴我：「我不太記得為什麼我不喜歡日本料理了。」現在她是日本料理控，也發現西雅圖的日本料理完全無法和東京相比。

我想再回到東京，不過不再是一個嬰兒的身分，我會成長，並且能夠和這座城市建立成熟的關係。假期狂熱症是一種急性病症，它會延續一個月，但不會永遠不退。每一對新人幾年後都會告訴你同樣的事：「現在總比剛開始的時候好，但走到這一步付上的代價真是他媽的不易。」想和東京建立我和洛莉之間的關係是不可能的（比方說，我要上哪找一只可以戴在晴空塔上的婚戒？）保持舒適愉快的心態造訪這座城市，或者把我們這段夏季在東京的回憶封存，這些替代方案都不盡人意。

這一類的文章會讓我拿到更多「不被承認的特權」，因為我明白，任何一位站在相同位置思考這個問題的人，都會拍拍自己的背，告訴自己去做一些對其他人有益的事，所以讓我們記錄下來吧！

與一座城市發展關係以及和一個人發展關係，之間的不同點在於你可以始終不渝地愛著也屬於別人的東京。也就是說，你可以是東京的孩子，而且我相信你會和我們一樣熱愛它，即使你不帶著伊莉絲並且不去中野。

但請聽我說，你真的不需要去柏青哥。

# 後記

以下片段摘錄自日文版的《Pretty Good Number One》

「有時候坐地鐵時，我抬頭便能看見那些熟悉的面孔，那些年輕日本高校生穿著藍色制服的模樣、婦女拿著西武百貨袋子的模樣、西裝筆挺的上班族拿著《朝日新聞》（Asahi Shimbun）的模樣，那些對我來說還是很神祕的字符在遊走著；有些時候，我想也許我真的屬於這個國家的一部分，在這裡，我感受到在美國沒有過的歸屬感。」——《Turning Japanese》，大衛・穆拉（David Mura）

美國人常問我去日本旅行到底安不安全，我知道他們在擔心什麼，我請他們放心，因為日本是世界上數一數二的治安良好的國家，並推薦他們應該攜家帶眷去一趟。但日本當然也不是完全沒有危險。一個旅行者可能在屋裡凍死、得流感、或者吃到世界上最難吃的甜甜圈。

有一天早上，我和洛莉在Mister Donut買了波堤甜甜圈，內餡是一種鬆軟的食物，「吃起來像是烤過的馬鈴薯。」洛莉說，「我以為這是鹹的，不是甜的。」

我看了一下標籤，確實是奶油馬鈴薯甜甜圈，這是日本某些地區的特色口味。東京還有其他口味的甜甜圈，像是越光米酒釀口味（Koshihikari）、毛豆麻糬（zundamochi）都很好吃。

還有文字燒（Monja）口味的波堤。

文字燒是一種香氣十足的美食，但如果要做成甜甜圈，那比蒜烤杯子蛋糕還可怕。文字燒波堤有上有蝦粉，內餡是魚漿、白菜以及玉米粒，外觀看起來像是尿布裡裝的東西，吃起來像是馬拉松選手的鞋臭味。還記得我在東京芝豆腐屋不愉快的用餐經驗嗎？在吃下一個文字燒波堤前，我會選擇潛水到橋下喝蓴菜的水。

二〇一三年底，我們再度回到東京，一樣住在中野的小公寓。雖然不再是黑暗又潮濕的地方了，但是廚房冷颼颼的，甚至廚房的溫度比在外面更冷。

你聽過在芬蘭做完桑拿跳進冰湖裡的傳統嗎？這就是我們每天早上的感覺，我們的廁所甚至沒有溫暖的坐墊，誰要當第一個去坐暖墊子的人啊。

這是繼二〇一二夏天的旅行後，在日本過的第一個冬季。那時我和家裡的青春期小日本女孩有些爭執，不過她沒有穿著學生制服。為了著手寫下一本書，我想比洛莉和伊莉絲早一點來日本，我計畫先去一趟福岡、九州南部，接著去到北海道的苔原，在那裡吃碗味噌拉麵補補元氣。沒想到脫水和高燒的症狀讓我住進急診室，那裡既昏暗、令人沮喪又滿是嬰孩的哭聲。醫生說我得了流感病毒，並為我開了不必要的抗生素，這跟美國一樣嘛！

當我搭乘新幹線進東京站時，已經從福岡坐了五小時的車了。我拖著沉重的步伐走去中央快速線的月台，坐在椅子上休息。我感到精力耗竭、面容憔悴。很快地，熟悉的廣播響起：「下一站新宿站，往山手線、埼京線、湘南新宿線、小田急線、京王線……。」那時我真的開心得像回到家一樣，笑得像個小丑，其他人看到我這般狼狽樣，大概以為我正在與抗生素對抗。

到了中野時，伊莉絲正好去Life超市買東西，她進門時和我說：「歡迎回家，老爸！」整個人撲在我的身上，甚至忘了脫鞋。

過了好幾天我還是沒什麼胃口，伊莉絲是擔心了，因為我想去泡溫泉比吃東西的意願更高。我走在中野的路上，經過飄出菜香的餐廳和拉麵店、在Life超市裡閒逛，魂遊四處，就像霍格華茲的鬼魂在盛宴中遊蕩一樣。

我們和一位日本朋友詩織在橫濱的中國城逛了一天。伊莉絲吃了一個巨無霸肉包（nikuman）以及「UFO-age」，一種形狀像飛盤的食物，由炸蝦和蔬菜餃子組成。Nikuman就是中式蒸肉包，在日本冬天相當受歡迎，每一家超商都買得到。包子不僅是點心，更是暖手的食物，日本冬天街道上，年輕人邊走邊吃肉包是很常見的景象。我說真的，入境隨俗比置之不理更令人滿意。

詩織還帶我們去一間主題樂園，伊莉絲在那裡玩起溜冰鞋，那時已過了吃晚餐的時間，我們在捷運站附近的一家炸豬排店吃晚餐。我點了一份小的炸豬排，靜靜地品嘗肉排、漬物、米飯、高麗菜絲及熱湯，把芝麻放在小研磨碗裡磨碎做豬排醬汁，然後將盤裡的食物吃得精光，也順道把伊莉絲的高麗菜絲和漬物吃一吃。老天，我又活過來了！

之後，我集中心力想吃回原來的體重，生病的這段期間我瘦了很多，這就和在啤酒節要喝醉一樣具有挑戰性。伊莉絲的生日是12月30號，她已經做足了生日饗宴的計畫和準備了，早餐吃Mister Donut（巧克力波堤，絕對不是文字燒波堤）、中餐吃湯包，還要一塊Aigre-Douce的生日蛋糕。晚餐則吃伊莉絲近來的最愛——Kurazushi。

## 全自動壽司店

跨過Kurazushi的店門，進入孩子們主宰的自動化未來世界。這是進入餐廳的有趣遊戲，在特隆（Tron）午餐。對一般日本家庭而言，這是非常難得的。接下來我會告訴你更多有關Kurazushi的事，但你可能難以置信，不過沒關係，我也很難相信。

Kurazushi（附近有些相同類型的競爭者如Sushirō和Kappazushi），是一間旋轉壽司連鎖店，和所有旋轉壽司店一樣，每盤壽司都是用輸送帶移動，只是大家都不再注意這件事，人手一台iPad坐在那裡。

每個人手上那台iPad設有一個app，原來它是觸控式的菜單，可以瀏覽菜單類別（魚、貝類、特製餐點、天婦羅、甜點），點選圖片就可以點餐了，有上百種選擇任君挑選。

一、兩分鐘後，螢幕會發出聲響並跳出警示，表示剛剛點的壽司會直接由輸送帶送至你面前。我和洛莉還有伊莉絲都覺得這個巧思真是太棒了！這個方式比服務生拿給你訂婚戒指更好！Kurazushi甚至沒有服務生，想喝點茶？抹茶粉、茶杯、熱水就在你面前。想喝點啤酒？走到冰箱那裡，打開玻璃門，用一旁的開罐器打開啤酒蓋，就能喝到啤酒了。

我之前是從一本很棒的書《Sushi: Its Unknown Varieties and History》得知Kurazushi的，這位作者有個奇特的筆名Hikari Dept（這個名字也不是日文）。後來我們終於見到了Hikari，他是一位很好相處的五十歲退休男子，我們就是在Kurazushi吃午餐，他教我們如何使用這觸控式選單點餐。我們一共吃了五盤鰤壽司，加了一些酢橘（sudachi），一種小型的柑橘類水果，據說可以提味，讓魚肉也有柑橘的清香（但我沒吃出來）。Hikari還推薦我們一道韓式壽司，包有辣味的鮪魚和蛋，非常很美味。

在Kurazushi和其神奇的自動化服務背後，有一則動人的故事，Hikari的書裡寫道：這間連鎖店之所以如此有效率，擁有5%以下的食物回收率，都要歸功於資訊科技和自動化處理。客人可以用電腦點壽司，然後由機器人製作並送餐。這些省下來的人事費便花在食物的品質上。在Kurazushi，壽司雖然稱不上世界等級的好吃，但絕對比我在美國花好幾倍價錢吃的壽司好吃。

喔，說到價格，在Kurazushi，一盤均一價一美元。

伊莉絲很喜歡吃這裡的壽司，尤其是牛排壽司佐檸檬，她認真地給這些菜完美的評價。吃完的碟子可以放進一個回收槽，那裡有自動收盤並計算消費總數的機器，並隨時可以用iPad查看自己吃了多少了（以及看出你有多餓）。

不過，那並不只是一個回收槽，而是個回收槽機器。每累積五碟盤子，螢幕就會顯示一小段天使與魔鬼爭戰的動畫，如果天使贏了（就像在真實世界裡大約有25％的機會能獲勝），就能獲得一個扭蛋。每一桌幾乎都有一個或多個孩子，用油滋滋的手指滑動iPad的介面，不間斷地點餐。

同時，碟子會被收進廚房，由機器洗淨。我真的很想參觀Kurazushi的廚房，不過應該需要特殊管道的邀請，但一定不會辜負我的想像力。

我們第一次來這間店時，伊莉絲沒有獲得獎品，「我給你一個以防萬一。」Hikari說著，從口袋裡拿出一個扭蛋，裡面是個玉子燒壽司形狀的橡皮擦。當然，這讓伊莉絲下定決心一定要拿到Kurazushi的獎品，即使需要吃到上百盤壽司。我們得再回去Kurazushi，而且只許贏。我發誓以後絕對不會帶她去拉斯維加斯。

到了她的生日晚餐時，她的眼神就和所有認真的賭徒一樣，每一次我拿起一塊壽司，她就會立即將盤子放進回收槽中，在吃了25碟壽司後，她終於得到一個鮪魚壽司手機吊飾，上面印有Kurazushi的Logo。如果機器給的是福澤（Fukuzawa）娃娃的扭蛋的話，她更會開心得不能自己。

但這不是伊莉絲那天唯一得到的扭蛋。稍早前，她拿了一千日圓到中野地下道扭了一堆扭蛋。她最喜歡的是一個有啦啦隊長圖案的磁鐵，現正在我們家的冰箱門上，而伊莉絲卻不斷從下往上看隊長的裙底風光，看來她的童真已經不再。

熱瘋了

我的病之所以能痊癒，應該是語言的問題歪打正著。比如說，在伊莉絲生日當天，我本來想點十二個湯包但點錯來了二十個。對一個英文母語人士來說，日文的十二和二十的發音很相似，很慶幸我當時並沒有準備點十八個湯包，因為十八和八十的發音也一樣難辨。後來我問伊莉絲這趟旅行最喜歡的食物是什麼，她說是那二十顆湯包。

不過，這次來訪我的日文進步很多，我可以和路人有更深入的交談，但其實也可能會產生更多誤會。我兀自走進我們最喜歡的天婦羅餐廳Tenta，詢問除夕有沒有營業，「有的，我們六點開始營業。」我聽到的是這樣，但店員其實說的是「我們只營業到六點。」因此，當我們六點半到達時，他們已經打烊了。伊莉絲失望地簡直要哭出來了。後來我們只好回到常去吃的天婦羅連鎖店，伊莉絲吃了六個炸蝦天婦羅，我則是吃了一頓美好的海鮮丼飯，其中有炸蝦、烏賊、洋蔥、炸綠色蔬菜以及金黃的肉餅。在東京，備案往往也不令人失望。

包廂卡拉ＯＫ在美國越來越受歡迎，但在大城市以外的地方還不算普遍。西雅圖幾年前終於有了第一家日式卡拉ＯＫ的據點Rock Box，但禁止兒童入內。

東京則到處都是卡拉ＯＫ連鎖店，而且小孩可以進入，當伊莉絲知道可以去的時候，她驚訝地說不出話來。Akira和Emi去年剛結婚，現在計畫生個孩子，我們便和他們碰頭，找了一間卡拉ＯＫ相約去唱歌，在那裡，伊莉絲找到所有自己愛唱的歌曲！我倒是沒有那麼驚訝，因為伊莉絲喜歡的歌不外乎都是歌劇悲慘世界的歌。

Emi唱了兩首日文流行音樂，我一首也沒聽過，這兩首歌很動聽，歌詞都寫到了車站，這真是個奇怪的巧合，因為我在日本的生活總是和車站連結。

「我終於在Rock Box過二十一歲生日了！」伊莉絲說道，不過就十一年的時間！

唱完卡拉ＯＫ後，我們到企鵝村吃晚餐，那位派屈克 史威茲（Patrick Swayze）看起來像是在等我們回去似的。上一次來的時候，點了肉排還有章魚大阪燒，我注意到牆上掛著一道名叫肉肉肉天的菜。其實就是大阪燒加肉、加肉、加倍的肉，是愛吃肉的人必點的口味。我和伊莉絲分享這道有趣的菜名，她卻說：「我們何不點來吃吃看？」在這之後，伊莉絲至少一個月會有一次的提起這件事，「我們真應該點那道菜來吃啊！」

這次我們終於點了這道菜。這份大阪燒裡有四種肉：豬五花、牛絞肉、雞肉、豬肉。我們先把肉炒過後，再和麵糊拌在一起。這一次我在製作大阪燒的形狀和技術上都比先前更有自信，也因為太有自信了，不小心讓一塊肉彈了出去，再趕緊把它夾回來。四種肉的大阪燒聽起來像是個噱頭，但真的很好吃。

此時，Akira和Emi正在做明太子文字燒，我和伊莉絲看著Akira先是用麵糊在外面畫了一個圈，再將其他的材料從中間倒入、填滿，看起來像極了爆發的火山。

馬克・羅賓森（Mark Robison）是對的，他說大阪燒是大型的鬆餅，吃起來太黏稠，根本沒辦法用筷子夾取食用，因此有些人會用小鏟子吃大阪燒。無論如何，吃起來一樣美味，尤其是其中的香濃起司，真的太美味了，讓我我瞬時間忘了大阪燒波提的可怕味道。

我們在低矮的桌子前吃飯，彼此分享同桌的菜色（這也是和Patrick Swayze的相聚，不過顯然他不記得我們了）。我發現自己對Akira和Emi的了解真的很少，我只知道他們喜歡吃美食、好茶以及像我們這樣的好朋友。不過，我似乎不需要知道更多了。

## 肯德基聖誕餐和新年快樂

也許你聽過一些奇怪的聖誕節傳統，像是在瑞典，一家人要圍在電視機前看一九五八年的唐老鴨卡通；澳洲的聖誕老公公是警察的夥伴，他會把壞小孩捉起來放在布袋裡。

雖然日本的基督徒很少，但聖誕節卻是人人慶祝的節日，傳統的拼法是K-F-C。

沒錯，就是你想到的KFC，有些人會在幾個禮拜前先預訂一隻雞，而肯德基門市便會在店門前擺攤，上面寫著斗大的字「肯德基聖誕餐」。想當然耳，我們也加入這個行列了。這間門市和所有肯德基一樣，沒什麼不同，我們還吃了聖誕草莓奶油蛋糕。不過，聖誕節不是日本最多美食的節日，但到處都是漂亮的燈飾，整個國家燈火通明。每到十二月，東京的各個角落都是彩色的霓虹燈，有些是卡通人物的模樣，有些則是可愛公仔的造型。

我的朋友Hikari則對美國的聖誕節傳統有些好奇，「美國的聖誕節，人們會互相送禮，第二天再把禮物換成現金，這是真的嗎？」他這樣問，好吧，如果你是這麼想的話。在日本，送孩子禮物是很平常的事，Hikari解釋道：「新年的時候，要給孩子們紅包，日文稱作pochibukuro。」於是，伊莉絲堅持要履行這項傳統，她很快地拿著紅包的錢去玩具店買了一個吵死人的玩具狗，這是父母不會願意買給她的東西。為紀念日本的這項傳統，這隻玩具狗叫做Pochi。

除夕的時候，我們蜷縮在客廳觀看日本年節特別節目「紅白歌合戰」（Kōhaku），這個節目從一九五九年便開播了，大概算是西方實境節目的起源吧，是個由紅隊（女歌手）及白隊（男歌手）以歌唱比賽較量的節目，每一位的穿著都像是色票一樣繽紛。大部分是六〇、七〇年代走紅的歌星演唱當時走紅，再由現代流行樂改編的歌曲。

表演者大部分是日本人，但也有一些不是，Cyndi Lauper和Paul Simon則代表八〇年代表演。前幾年最有看頭的莫過於AKB48的表演了，這個女子團體共有89位成員，白天她們會在秋葉原表演，也常有亞洲、世界巡迴演唱會，她們的歌曲很單純地充滿粉紅色的少女泡泡。有感於AKB48，我和伊莉絲決定要成立STL48，這個團體由伊莉絲領軍，以及她其他47位同學成團，演唱的歌曲則為悲慘世界系列歌曲。

當我們聽了太多的流行樂後，便決定前往新井藥師前駅。日本的新年是最重要的節日，每個人都建議我們要去初詣（hatsumōde），也就是午夜的時候去一間廟宇或神社參拜。

我期待的是一次莊嚴的宗教儀式，但當我們十一點半抵達時，那裡像是一場派對，一條人龍排到廟宇的入口，路邊還有販售印度烤肉串，小份的大阪燒，以及洛莉的最愛奶油馬鈴薯，賣奶油馬鈴薯的小販拿著烤好的馬鈴薯從人群裡走出來，順便一提，洛莉說奶油馬鈴薯的發音很標準。

我們在那裡慶祝新年，一邊欣賞感恩過去的一年所點燃的煙火。在新年二〇一四年的前幾分鐘，我們走路回到中野的家，我一邊說著我愛上東京的種種情話。

我必須向日文版本的讀者承認一件事情，我原本以為我可以在東京待的一個月期間，寫一本短篇、不怎麼吸引人的小書，然後神不知鬼不覺地出版。從沒想過在日本可以出版這本書，讓你們來讀我們在東京所經歷的夏日。我為自己所造成的誤解和庸俗道歉，當我說，在日本他們做某件事，我的意思是，在日本，我看到有人做某件事。

然後，我想在這本書之後，我會在台北吃餃子、在蒙特婁吃貝果、在斯德哥爾摩吃瑞典人吃的食物，但我很懷疑會不會有這麼一天。這本書出版後不久，我在香港待了一個禮拜，我吃了脆皮鰻魚、港式點心和醃辣蘿蔔，在夜色朦朧之際搭乘麗星郵輪經過維多里亞港，遊艇後的這座城市正閃閃發光，並在船上和幾位香港人吃火鍋。香港富有令人驚豔的美食以及多元文化的活力。寫到這裡，比起東京，我更可能喜歡香港。

但愛情是不能建築在食物上的，我和東京對眼相望，我們讓對方會心一笑。我心裡已經開始想像下一個家庭旅遊的計畫了，那將會是一趟愉快、充滿挑戰、忍耐溫度以及難吃甜甜圈的旅行。Mamonaku, Tokyo.（即將抵達，東京）

——二〇一四二月，西雅圖

# 初嘗日本滋味：
# 西雅圖父女的東京瘋狂筆記

Pretty Good Number One

作　者　馬修 安斯特伯頓Matthew Amster-Burton
譯　者　胡據方
總編輯　陳郁馨
主　編　李欣蓉
內頁插畫　陳宛昀
行銷企畫　童敏瑋
社　長　郭重興
發行人兼出版總監　曾大福
出　版　木馬文化事業股份有限公司
發　行　遠足文化事業股份有限公司
地　址　231新北市新店區民權路108-3號8樓
電　話　(02)22181417
傳　真　(02)8667-1891
E-mail: service@bookrep.com.tw
郵撥帳號　19588272木馬文化事業股份有限公司
客服專線　0800221029
法律顧問　華洋國際專利商標事務所 蘇文生律師
印　刷　成陽印刷股份有限公司
初　版　2016年06月
定　價　280元



國家圖書館出版品預行編目(CIP)資料

初嘗日本滋味：西雅圖父女的東京瘋狂筆記 / 馬修.安斯特伯頓(Matthew Amster-Burton)著. -- 胡據方譯. -- 初版. -- 新北市：木馬文化出版：遠足文化發行, 2016.06
面；　公分. --
譯自：Pretty good number one
ISBN 978-986-359-255-6(平裝)
1.遊記　2.日本東京都

731.72609　　105008084

# 目錄

Aus Indien Hermann Hesse

# 新加坡之夢

## 及一段漫漫東方行旅

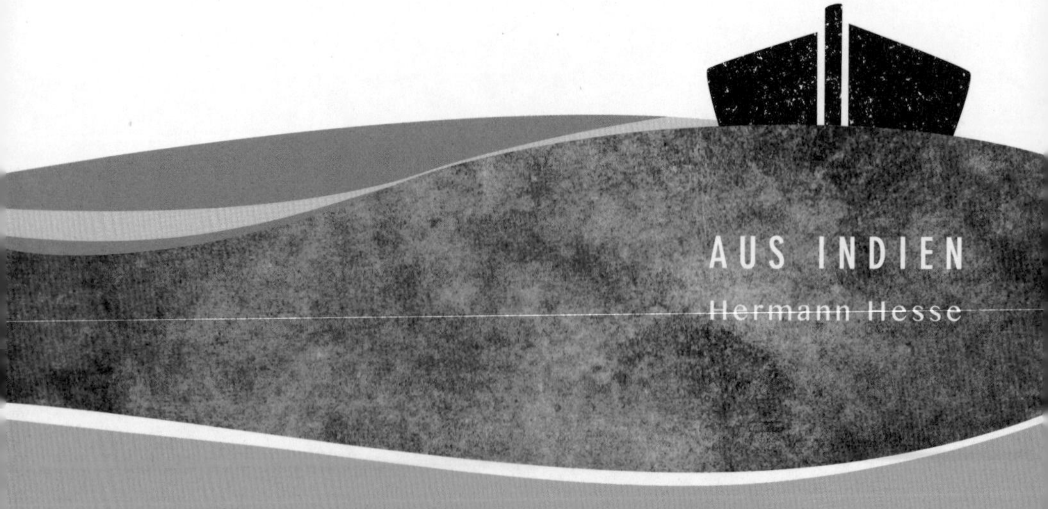


赫曼·赫塞［德］　張芸、孟薇 譯